LANGUAGES, LIT/FICTION DIVISION
HAMILTON PUBLIC LIBRARY
55 YORK BLVD.
HAMILTON, ONTARIO
L8R 3K1

DÉCOUVREURS
DU MONDE

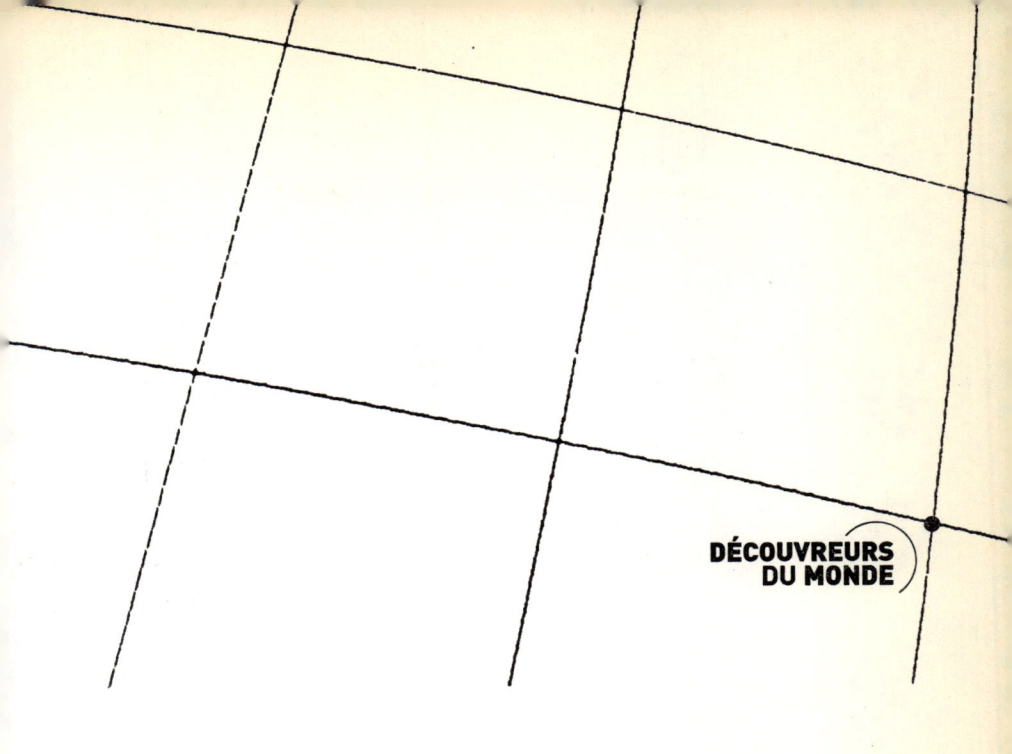

AU PÉRIL DE NOS VIES

© Éditions Flammarion,
pour le texte et les illustrations, 2005.

Philippe Nessmann

AU PÉRIL DE NOS VIES
La conquête du pôle

ROMAN

Flammarion

À mes parents

INTRODUCTION

La Nouvelle-Orléans, 1903

Où l'on découvre qui je suis

Avant de vous raconter la grande histoire, je voudrais vous en dire une petite. C'était en 1903. Je travaillais comme porteur de bagages dans un train. Lors d'un arrêt prolongé à La Nouvelle-Orléans, j'en ai profité pour visiter la ville.

Il faisait lourd et les rues étroites étaient envahies de vendeurs d'eau, de carrioles à cheval, de musiciens ambulants, de mendiants. Ça criait de tous côtés, avec ce drôle d'accent du sud des États-Unis. Au premier étage des maisons en bois, sur leurs balcons en fer forgé, des femmes étendaient le linge ou pelaient des légumes.

Soudain, une goutte d'eau tombée du ciel a atterri sur mon front. Du bout du doigt, je l'ai essuyée, j'ai levé la tête et vu un énorme nuage noir. Quelques instants plus tard, une pluie tropicale s'abattait sur la ville, nettoyant la rue de ses vendeurs, musiciens et mendiants.

Comme il était midi, je suis entré dans une taverne pour m'abriter et casser la graine. Il faisait sombre. Ça sentait la bière.

— Vous savez pas lire ?!

C'était un grand gaillard avec un tablier blanc, l'air énervé.

— Vous êtes fermés ? j'ai demandé.

Il m'a poussé dehors et montré une pancarte accrochée à la porte : « Interdit aux nègres et aux chiens. »

— Pour toi, c'est à la fenêtre, sur le côté.

Comme j'avais faim, j'ai fait le tour et attendu sous la pluie battante qu'il ouvre la fenêtre. Je l'ai regardé quelques secondes : ses cheveux blonds, ses yeux bleus, sa peau blanche, ses lèvres roses.

— Tu veux mon portrait ?

— Non, juste un sandwich.

Que pouvais-je faire ? Me révolter ? Il avait raison : je suis un Nègre. Mes yeux noirs avaient vu plus de pays que les siens n'en verraient jamais. Mes jambes noires m'avaient porté à travers tout le Groenland. Et à plusieurs reprises, lors de précédentes expéditions, mes mains noires avaient sauvé mes compagnons blancs d'une mort certaine. Mais je suis un Nègre, un petit-fils d'esclave. Et dans le sud des États-Unis, je n'avais qu'un seul droit : me taire.

— Tiens ! a dit l'homme en jetant le sandwich. Ça fait un demi-dollar.

Je lui ai tendu un billet de un dollar. Il m'a répondu qu'il n'avait pas de monnaie. Trempé, je me suis éloigné, les dents serrées. Je ne pouvais rien faire. Mais je savais que bientôt je ferais quelque chose de grand. Bientôt, le commandant Peary me demanderait de l'accompagner pour une nouvelle expédition en Arctique. Bientôt, j'en étais sûr, nous serions les premiers au monde à atteindre le pôle Nord. Un Nègre au pôle ! Les Noirs des États-Unis pourraient alors relever la tête et être fiers, fiers d'être noirs.

Dans mon dos, l'homme de la taverne a hurlé :
— Et reviens plus ici ! On n'aime pas les Négros !
Je ne me suis pas retourné.

CHAPITRE PREMIER

Groenland, été 1908

*Enfin arrivés — Une rencontre agitée —
On embauche !*

La grande histoire a débuté cinq ans plus tard, pendant l'été 1908.
— Matthew !... Matthew !
En entendant mon prénom, j'ai posé le rabot sur l'établi et abandonné le patin de traîneau que je fabriquais. Du revers de la main, j'ai balayé les copeaux de bois accrochés à mon pull-over, puis j'ai escaladé l'échelle métallique qui menait au pont du navire.
— Matt... Viens voir mon garçon !
C'était le commandant Peary. Malgré mes quarante-deux ans et ses dix années de plus, il continuait à m'appeler affectueusement « mon garçon ». Sa grosse moustache rousse cachait mal son sourire en coin et, sous ses sourcils en bataille, ses petits yeux gris pétillaient. Il appuya sa grande carcasse à la rambarde du *Roosevelt* :
— Regarde, nous y voilà ! Une nouvelle fois...
Je m'accoudai au bastingage.
À tribord, quelques gros glaçons flottaient sur la mer et, juste derrière, la silhouette d'une terre se dessinait : le Groenland. La côte sauvage était comme hachée, moulue par les tempêtes. D'immenses falaises rocailleuse

plongeaient dans la mer. Entre ces forteresses imprenables, des glaciers s'écoulaient imperceptiblement, déversant des bataillons de glaçons dans l'océan.

La pureté de l'atmosphère donnait au paysage des couleurs éclatantes, comme on n'en voit nulle part ailleurs : le blanc étincelant des icebergs, les veines bleutées des glaciers, le brun-rouge de la roche marbré de grès jaune, le vert intense des prairies où flemmardaient des pingouins et, au-delà des falaises, loin sur l'horizon, la blancheur immaculée des neiges éternelles.

J'aurais pu admirer cette terre pendant des heures. Je la connaissais pourtant par cœur et je l'aimais comme si j'y étais né : c'était la septième fois en dix-sept ans que j'accompagnais Robert Peary dans ces contrées polaires. Par le passé, j'y avais connu d'immenses joies, comme en 1892, lorsque le commandant était parvenu à démontrer, après un audacieux raid à traîneau jusqu'au nord du Groenland, que c'était une île et non un continent. Le retour à New York avait été triomphal : le public s'était enthousiasmé pour nos aventures arctiques.

Mais cette région hostile avait aussi été le théâtre d'épisodes plus douloureux. Nos deux dernières expéditions, de 1898 à 1902, puis de 1905 à 1906, avaient eu pour objectif la conquête du pôle Nord — deux échecs cuisants. Lors de la première tentative, alors que nous marchions, épuisés, dans la neige par 50 degrés sous zéro, Peary n'avait pas prêté attention au froid qui mordait ses pieds. Un soir, en enlevant ses bottes, il avait découvert ses orteils noirs et durs. Gelés. Le verdict du médecin de l'expédition était tombé comme un couperet : « Il faut les amputer. » « C'est vous le docteur, avait juste répondu Peary, mais laissez-m'en assez pour tenir encore debout et marcher jusqu'au pôle ! »

Discrètement, je baissai les yeux vers le pont en bois du *Roosevelt,* puis vers les chaussures orthopédiques du commandant. Deux orteils, un petit à chaque pied, voilà tout ce qui lui restait. Mais une volonté intacte, inébranlable, continuait à animer ce corps amoindri : la volonté d'être le premier homme à atteindre le pôle Nord. Une sacrée force de caractère.

— Borup ! s'écria le commandant. Venez voir !

Un jeune homme à la chevelure foisonnante traversa le pont et nous rejoignit. George Borup, vingt-trois ans et un visage de gamin, était le benjamin de l'expédition. Tout juste sorti de l'université, il participait à son premier grand voyage. Le commandant l'avait embauché pour son endurance : il était champion de course à pied.

— Borup, nous avons atteint le nord-est du Groenland. Nous venons de franchir la ligne imaginaire qui sépare le monde civilisé du monde arctique...

Le commandant balaya du regard la côte sauvage.

— Désormais, la civilisation est derrière nous. Elle ne nous est plus d'aucune aide. Nous avons pénétré dans un univers hostile dans lequel nous devons survivre par nos propres moyens.

— Commandant, quand vous dites...

Des cris interrompirent Borup.

Des cris stridents !

Là, sur la berge, à trois cents mètres du navire, deux hommes gesticulaient. Trois autres sortirent de baraques en terre. Des chiens se mirent à hurler à la mort. Les hommes coururent vers des kayaks, les mirent à l'eau. Et foncèrent sur nous.

Borup, interloqué, se tourna vers Peary. Le gamin essayait de lire une réaction sur le visage du commandant, pour savoir s'il devait s'inquiéter. Le commandant s'en aperçut et se tourna vers moi, l'œil malicieux :

— Matt, va chercher les fusils et les couteaux !

Une minute plus tard, je remontai de la cale avec une brassée d'armes. Les kayaks étaient maintenant tout près du *Roosevelt*. Les hurlements redoublaient.

Borup, très inquiet, saisit un fusil et vérifia qu'il était chargé.

— Mais... les balles ?!...

Les kayaks cognèrent contre le *Roosevelt*. Deux hommes attrapèrent des cordes qui pendaient là et escaladèrent la coque.

— Commandant ! s'écria Borup. Il n'y a pas...

Peary lui prit le fusil des mains et le rassura d'un sourire :

— Les armes, on en aura besoin plus tard. Pour l'instant, observez...

Les deux hommes enjambèrent la rambarde. Habillés de vêtements de fourrure, ils étaient plutôt petits et dodus, avec de longs cheveux noirs, la peau brune et les yeux bridés.

En un éclair, l'un d'eux se précipita sur moi en criant :

— *Miy ! Miy maripalook !*

Sous le regard éberlué de Borup, l'homme me serra dans ses bras. L'autre dansait autour de Peary et chantait :

— Peary *aksoah* !... Peary *aksoah* !

« Peary *aksoah* » signifiait en esquimau « le grand Peary », à cause de sa taille. « *Miy* » était mon surnom et « *maripalook* » voulait dire « le gentil ».

Borup réalisa qu'on lui avait fait une blague : les Esquimaux n'étaient pas méchants, juste très excités de nous revoir.

Je pris des nouvelles de mes vieux amis : qu'était devenu mon copain Ootah depuis notre dernier voyage, il y a deux ans ? Il avait eu un autre enfant ? Quel heureux événement ! Et son frère Egingwah, comment allait-il ? Bien ? Tant mieux ! Et le jeune Ooqueah ? Amoureux d'Anaddoo, la fille d'Ikwah ? Voilà une nouvelle qui ne me rajeunissait pas ! Lors de mon premier voyage au Groenland, Ooqueah avait deux ans et articulait ses premiers mots. Lors des expéditions suivantes, il apprenait à pêcher et à bâtir des igloos de neige. Et le voilà adulte, sur le point de fonder une famille...

Après ces joyeuses retrouvailles, Peary s'adressa à Seegloo en langue esquimaude.

— Seegloo, nous venons de New York pour essayer à nouveau d'atteindre pôle Nord... Comme dernière fois, voyage durera un an. Nous irons d'abord vers nord en bateau. Ensuite, nous passerons hiver dans bateau. Et au printemps, nous irons avec traîneau sur glace, vers pôle.

Entendre Peary parler esquimau était amusant. Il n'avait jamais fait l'effort d'apprendre correctement la langue. C'était du petit-nègre, ou plutôt du petit-américain.

— Nous avons besoin de chiens pour tirer traîneaux. Et d'hommes pour les conduire. Et de femmes pour fabriquer vêtements en fourrure. Vous voulez venir ?

Le visage de Seegloo, jusque-là souriant, se rembrunit soudain. L'Esquimau avait participé à notre dernière tentative contre le pôle, en 1906, et de terribles images devaient lui revenir à l'esprit : la faim et l'angoisse de la mort. Alors que nous étions au milieu de la banquise, loin de tout, l'état déplorable de la glace nous avait considérablement retardés. À moins de 320 kilomètres du pôle Nord — c'était un record, jamais personne ne s'en était autant approché —, nous avions été contraints de rebrousser chemin, à court de nourriture. Le retour avait été effroyable : affamés, à bout de forces, nous avions mangé nos chiens pour survivre. Sinon, nous y serions restés.

Peary tenta de rassurer Seegloo :

— Pas d'inquiétude ! Ça fait deux ans que je prépare ce voyage. J'ai compris pourquoi dernière expédition échec et j'ai programme très détaillé pour cette nouvelle expédition. J'ai acheté toutes les provisions nécessaires. Dans cales, 8 tonnes farine, 500 kilos café, 400 kilos thé, 5 tonnes sucre, 3 tonnes et demie lard fumé, 5 tonnes biscuits, 100 caisses lait condensé, et 15 tonnes pâtés de graisse et de viande... Avec ça, on ne mourra pas de faim. Promis !

Seegloo me jeta un regard interrogateur : toutes ces quantités ne signifiaient rien pour lui. Je hochai la tête avec conviction pour lui faire comprendre que le commandant savait ce qu'il faisait. Pour achever de le convaincre, Peary prit un fusil et le lui tendit :

— En échange de votre aide, nous vous donnerons fusils, couteaux, aiguilles à coudre en acier, allumettes...

Seegloo inspecta l'arme avec beaucoup d'attention. Les Esquimaux du Groenland vivent de la chasse et de la pêche. Traditionnellement, ils fabriquent leurs hameçons, leurs pointes de flèche ou leurs couteaux en os ou en ivoire, et allument le feu en cognant deux pierres. Ils n'ont donc pas besoin de nos objets modernes pour survivre. Mais les fusils et les allumettes leur facilitent grandement la vie, alors ils en sont friands.

— D'accord, finit-il par répondre, je viens avec vous. Et je vais voir si d'autres familles sont intéressées. Vous partez quand ?
— Demain.
Le lendemain, plusieurs familles entières et leurs chiens prirent place à bord du *Roosevelt*. Après d'autres arrêts plus au nord, l'équipage fut enfin au complet : nous étions désormais 20 Américains, 49 Esquimaux dont 22 hommes, 17 femmes et 10 enfants, et 246 chiens.
Le navire reprit ensuite sa longue route vers le nord.
De temps à autre, sur la côte, des tas de pierres empilées nous rappelaient l'extrême difficulté de ce qui nous attendait. Ici, la tombe de deux hommes du navire *North Star* morts en 1850. Là, la sépulture de Hall, chef de l'expédition américaine *Polaris*. Plus au nord, l'ultime demeure de trois matelots d'une expédition anglaise de 1876.
Avant nous, tant d'hommes avaient essayé d'atteindre le pôle Nord en bateau, à traîneau et même en montgolfière !
Aucun n'y était parvenu.

CHAPITRE **DEUX**

Les icebergs

Une rencontre glacée — Nous luttons contre la banquise — L'explosion finale

L a première étape du voyage consistait à longer le Groenland sur 600 kilomètres vers le nord, jusqu'au lieu d'hivernage.

Et ça faillit tourner court...

Je me souviens que je remontais de la cale avec deux énormes seaux remplis de viande de morse. Comme leurs anses métalliques me cisaillaient les doigts, je les posai quelques secondes sur le pont. Une épaisse brume froide enveloppait maintenant le navire. Il n'y avait plus d'horizon, plus de Groenland ni de mer : le *Roosevelt* semblait se frayer un chemin à l'intérieur d'une immense balle de coton.

Je repris mes seaux, avançai vers la proue du navire et...

— Oups ! excusez-moi les chiens !

Il y en avait partout : des blancs, des noirs, des marron, des mâles, des femelles... Deux cent quarante-six chiens sur un bateau, ça ne passe pas inaperçu ! Je distribuai les steaks de morse à la vingtaine de bêtes attachées à l'avant du navire. A priori, ce n'était pas mon boulot : moi, j'étais l'assistant de Peary, son homme à tout faire, menuisier, chasseur ou conducteur de traîneau, selon ses instructions. Mais, de temps en temps, j'aimais nourrir les fauves, juste pour mon plaisir. Et le leur.

Manger est l'une des plus grandes joies des chiens esquimaux. Et voler la nourriture des petits copains, leur sport favori ! Dans la meute, il y avait le champion du monde de la discipline, un chien gris avec juste les oreilles noires. Je l'avais baptisé « Le Requin ». Dès son steak englouti, il chipait celui des autres, et cela même lorsqu'il n'avait plus faim, et parfois avant d'avoir fini son propre repas. Une petite tape sur le museau lui faisait généralement lâcher prise, mais le filou recommençait dès qu'on avait le dos tourné.

Lorsque mes seaux furent vides, je me redressai et observai machinalement le brouillard épais autour de moi. Il était blanc et moelleux. Sauf à l'avant du *Roosevelt*, où il semblait plus sombre. Il y avait une étrange tache grise qui bougeait. Non, elle ne bougeait pas : elle grossissait, devenait énorme, comme si elle fonçait sur nous.

Au moment où je compris ce que c'était, il était trop tard...

Il y eut un grincement monstrueux. L'avant du navire se souleva et je fus projeté en arrière. Des Esquimaux crièrent. Puis il y eut un craquement sec. Le *Roosevelt* plongea en avant, roula d'un côté puis de l'autre, comme un chien mouillé se secoue. Sous le choc, l'iceberg que nous venions de heurter s'était fendu en deux. La plus grosse partie glissa à bâbord, l'autre retomba lourdement à tribord, faisant bouillonner l'eau de mer. Le navire passa entre les deux blocs de glace.

Sur le pont, les chiens avaient la queue entre les jambes, des sacs de charbon mal arrimés étaient éparpillés, des cordages dispersés formaient des toiles d'araignées... Un beau chaos, mais visiblement plus de peur que de mal : le *Roosevelt* ne semblait pas endommagé.

Je me précipitai, encore tout secoué, vers le poste de pilotage.

Le capitaine Bartlett tenait la barre de gouvernail d'une main, sa pipe de l'autre.

— Tout va bien ? me demanda-t-il.

Robert Bartlett, « cap'taine Bob » comme on l'appelait, m'impressionnait. Un vrai félin : à trente-trois ans, il était calme comme un chat mais rapide comme un léopard, musclé comme un tigre et dominateur comme un lion. J'imagine que, lorsqu'il était enfant, il était déjà un chef de bande. Il semblait ne craindre personne.

— Ça va, je lui répondis, ça va...

Le commandant Peary entra à son tour dans la cabine, suivi par le môme Borup, blanc comme un glaçon.

— Nous avons heurté un petit iceberg à vitesse réduite, annonça le cap'taine Bob.

— Petit ! ne put s'empêcher de s'exclamer Borup.

Le gamin mit sa main devant sa bouche, comme s'il s'en voulait d'avoir laissé paraître son inquiétude.

— Rassurez-vous, lui dit Peary, le *Roosevelt* en a vu d'autres. Pas vrai, capitaine ?

— Absolument, commandant.

— Pendant mes premiers voyages, là oui, on avait de quoi s'inquiéter. N'est-ce pas, Matthew ?

— Tout à fait, commandant.

— À l'époque, j'utilisais des navires classiques, pas du tout conçus pour résister à la glace. Alors il y a cinq ans, j'ai fait fabriquer celui-ci spécialement pour l'exploration arctique et je l'ai baptisé du nom du président des États-Unis, qui m'a toujours soutenu dans ma course au pôle Nord. La coque blindée est arrondie comme une coquille de noix : ainsi, elle résiste mieux aux chocs et à la pression de la banquise. Cette technologie a fait des merveilles lors de notre dernière expédition, n'est-ce pas Bartlett ?

Cette fois, le capitaine ne répondit pas : concentré, il scrutait la brume.

Le commandant Peary regarda à son tour dehors, passa plusieurs fois son pouce dans sa grosse moustache rousse et murmura pour lui-même :

— Oui, soyons vigilants, c'est la guerre...

• • •

Le brouillard se dissipa quelques heures plus tard et la silhouette familière du Groenland réapparut à tribord. À bâbord, une autre terre était maintenant bien visible : le nord du Canada. Entre les deux, sur la mer devant nous, une armée menaçante d'icebergs attendait notre venue.

Le cap'taine Bob grimpa avec agilité en haut du grand mât et s'installa dans le « nid-de-pie ». De là-haut, il avait une vision panoramique du champ de bataille et des opérations à mener :

— Dix degrés à bâbord !

Le navire, toutes voiles dehors, esquiva un premier ennemi de glace, puis un deuxième plus gros, et un troisième.

— Nord toute !

Plus on remontait vers le nord, plus il faisait froid et plus les icebergs étaient nombreux. Ils étaient hauts comme des maisons et fourbes comme le Diable : pour chaque mètre de glace au-dessus de l'eau, sept mètres se cachaient en dessous. Après plusieurs jours de navigation, ils finirent par recouvrir entièrement la mer.

— Vapeur toute !

La cheminée cracha un torrent de fumée noire. Avec la puissance cumulée des voiles et de la vapeur, le *Roosevelt* fonça dans le paquet. Son étrave blindée écarta les glaçons et s'y fraya un chemin. Parfois, lorsque le navire forçait le passage entre deux monstres trop gros, sa coque en bois se comprimait, et crrrrac ! on entendait ses jointures travailler.

— Tiens bon, mon vieux, tiens bon ! lançait régulièrement le cap'taine Bob au bateau, du haut de son perchoir. Enfonce-moi ça, tu peux le faire !... Bien joué !... Allez, encore un coup !

En bas, sur le pont, chacun retenait son souffle. Aussi solide soit le *Roosevelt*, la banquise pouvait à tout instant broyer notre coquille de noix entre ses mâchoires et envoyer par le fond soixante-neuf vies humaines.

Le commandant Peary demanda au môme Borup, au docteur Goodsell et au professeur MacMillan d'installer sur les six chaloupes des rames, des voiles de fortune et des vivres pour dix jours. Puis chacun, Américains et Esquimaux, prépara un baluchon avec ses affaires — dans le mien, outre quelques bricoles, je plaçai une photographie de ma femme Lucy, la seule famille que j'aie. Puis chacun se tint prêt à sauter dans une chaloupe, si l'ordre en était donné.

— Stoppez les machines ! hurla le cap'taine Bob, stoppez les machines !

Dix secondes plus tard, dans un grincement court et strident, le *Roosevelt* buta contre un iceberg. Je jetai un œil aux alentours : devant nous, de la glace. À bâbord et à tribord, de la glace. Derrière nous, de la glace. Impossible d'avancer ou de reculer. Nous étions prisonniers.

Le capitaine descendit de son mât, donna l'ordre aux matelots de replier les voiles et au mécanicien d'éteindre la machine à vapeur, et déclara qu'il n'y avait plus rien à faire. Coincés dans cette prison de glace, nous devions attendre que la banquise rende son verdict : la libération du navire ou sa mort par écrasement.

• • •

L'attente me parut interminable.

Parfois, sous l'effet des courants et des marées, les glaçons relâchaient un peu leur pression. Chacun se prenait alors à espérer. Le capitaine grimpait dans le nid-de-pie et scrutait l'horizon, à la recherche d'un passage d'eau libre par où s'échapper. Puis il redescendait, impassible. Fausse alerte.

Un jour, deux jours, trois jours s'écoulèrent, très éprouvants pour nos nerfs.

La « nuit » — « nuit » si l'on peut dire car, pendant l'été arctique, le Soleil tourne dans le ciel sans jamais se coucher et il fait jour vingt-quatre heures sur vingt-quatre, seules les montres indiquent s'il est midi ou minuit —, la « nuit », donc, nous dormions tout habillés et d'un seul œil, prêts à bondir sur le pont au moindre craquement suspect de la coque.

Mais le verdict se faisait attendre. Cinq, six, sept jours. À l'avant du *Roosevelt*, les deux professeurs de l'expédition, Ross Marvin le chauve et Donald MacMillan le chevelu, tuaient le temps à coups de fusil : ils s'entraînaient au tir à la carabine sur des glaçons. Assis sur des cordages, le jovial docteur Goodsell lisait un bouquin sur la vie des pingouins. C'était son premier voyage arctique. Un peu à l'écart, Borup avait le regard dans le vide, perdu sur la banquise.

— Hé, môme, tu veux apprendre à parler esquimau ?

Il se retourna et me sourit :

— Oui, avec plaisir, mais arrête de m'appeler « môme », j'ai quand même vingt-trois ans !

J'appelai Egingwah, Ooqueah et mon copain Ootah, et nous nous assîmes sur le pont. Ootah prononça le nom d'un animal, « *tooktoo* », puis le mima en plaçant ses mains ouvertes sur sa tête. Borup devait deviner de quoi il s'agissait.

— Un animal à cornes ?... Une vache ?... Une girafe ? Une girafe polaire ! Non, je rigole. Un cerf ?... Un renne ? Un renne !

— Oui, c'est un renne, acquiesçai-je.

— *Tooktoo*, je prononce bien ? *Tooktoo*, le renne, c'est noté.

Le but de l'exercice était double. D'abord, chaque Américain devait apprendre à communiquer avec les Esquimaux. Ces hommes savent tout du froid : pour avoir des chances de survivre au pôle, il faut les écouter et les imiter, s'habiller et se nourrir comme eux. Ensuite, il était important que le môme garde l'esprit occupé, qu'il n'ait pas le temps de penser au danger, à la vie, à la mort, à tout ça.

Alors qu'Egingwah mimait lourdement un *nanooksoah*, Peary passa à côté de nous.

— Eh bien, Henson, me demanda-t-il, votre élève est-il doué ?
— Plutôt doué, je lui répondis, plutôt doué.
— C'est bien...
Le commandant s'en alla, son fin sourire aux lèvres.
Il se voulait serein, mais il était anxieux, je le savais. Depuis vingt ans, j'avais appris à le connaître par cœur, peut-être même mieux que sa propre femme, Joséphine. Et j'avais mon baromètre : quand tout allait bien, il m'appelait « mon garçon » ou encore « Matt ». Sinon, c'était généralement « Matthew ».
Là, il m'avait appelé par mon nom de famille, « Henson ».
Avait-il un mauvais pressentiment ? Sentait-il son rêve de jeunesse lui échapper une nouvelle fois ?
Depuis toujours, il rêvait d'inscrire son nom dans les livres d'histoire, de devenir le Christophe Colomb du pôle Nord. Il avait consacré toute sa vie à cette ambition. En Amérique, lorsqu'il ne travaillait pas comme ingénieur dans la marine, il employait son temps libre à la préparation de l'expédition suivante. Il fallait d'abord trouver de l'argent, beaucoup d'argent : pour cela, il avait créé le Peary Arctic Club, qui réunissait de généreux milliardaires. Mais les dons de un ou dix dollars étaient aussi les bienvenus ! Ensuite, il fallait planifier le voyage dans ses moindres détails, superviser les réparations du *Roosevelt*, acheter la nourriture, recruter un

équipage compétent. Un travail de préparation pharaonique, qui demandait une énergie faramineuse.

Mais aujourd'hui, à cinquante-trois ans, le commandant sentait ses forces diminuer : il avait d'ores et déjà annoncé que ce serait son dernier voyage, sa dernière tentative. Il atteindrait le pôle maintenant ou jamais.

Pressentait-il un ultime échec ? Ce serait trop injuste.

Soudain, je revis, comme un flash, le tavernier de La Nouvelle-Orléans et la façon dont il m'avait traité.

Non, l'aventure ne pouvait s'arrêter ici, c'était impossible !

Et puis il y avait cette inquiétante nouvelle, dont personne ne savait trop que penser : les Esquimaux nous avaient annoncé qu'un autre explorateur américain, le docteur Frederick Cook, était passé par le Groenland un an avant nous. Il avait loué les services de deux Esquimaux et tous les trois étaient partis vers le nord, peut-être vers le pôle. Depuis, on était sans nouvelles...

Une petite tape sur mon épaule gauche me ramena subitement sur le pont du *Roosevelt*.

— Hé, papy Henson, tu rêvasses ? me demanda Borup. Ça fait trois fois que je te demande ce que veut dire « *nanouxxxooooaa* » !

— Euh... *nanooksoah*... c'est l'ours blanc.

Il avait raison, le môme, fallait pas rêvasser, surtout pas penser à l'échec, à la mort, à tout ça.

Rien n'était joué.

• • •

La banquise rendit son verdict la nuit suivante. À 4 heures du matin, un choc très violent me réveilla. Je sautai de ma couchette et déboulai sur le pont. Il faisait jour comme à midi. Peary et le cap'taine Bob se trouvaient déjà là. Le pont était incliné d'une quinzaine de degrés sur tribord. Le navire tout entier penchait !
Nous courûmes du côté surélevé pour voir ce qui s'était passé. L'iceberg contre lequel nous étions accostés, porté par les courants, avait raclé notre flanc et appuyé sur la coque jusqu'à la soulever. Il avait même commencé à enfoncer la paroi au niveau de la cabine du professeur Marvin.
La banquise allait inexorablement broyer le *Roosevelt*, et nos rêves.
Mais c'était impossible, l'aventure ne pouvait s'arrêter ici ! On devait tout tenter pour s'échapper de cette prison.
— Allez chercher la dynamite ! ordonna le commandant Peary.
Avec une infinie précaution, on monta une caisse de dynamite sur le pont. On prit plusieurs cartouches que l'on attacha au bout de perches en bois. On y fixa des fils électriques.

Les perches, les fils et la dynamite furent introduits dans les fissures de la glace, aux endroits que le commandant Peary et le cap'taine Bob avaient déterminés. On relia l'autre bout des fils à un commutateur puis à la batterie.

Tout le monde se mit à l'abri, à bonne distance, de l'autre côté du pont.

Une pression sur le commutateur et...

Boum !

Le navire vibra comme une corde à violon. Une colonne d'eau et de débris de glace s'éleva à plus de trente mètres dans les airs et retomba en une grêle drue. Un vrai geyser.

La pression de la glace diminua et le *Roosevelt* se redressa lentement. Nous étions provisoirement sauvés.

Par chance, un peu plus tard, la marée s'inversa et la banquise se disloqua. Des canaux d'eau s'ouvrirent devant nous. Le capitaine Bob ordonna de remettre la machine à vapeur en marche et grimpa dans son poste d'observation. Le *Roosevelt* reprit sa course vers le nord.

Libres, nous étions libres !

Sa grande carcasse accoudée à la rambarde, Peary suivait les manœuvres. Je le rejoignis.

— Eh bien, commandant, c'était moins une...

— Oui, mon garçon, moins une. Mais on s'en est tirés et on va l'atteindre, le pôle, tu vas voir, on va l'atteindre !

J'étais heureux que le commandant ait retrouvé son énergie et, surtout, qu'il m'ait appelé « mon garçon ». Malgré mon âge, moi, j'aimais bien ça.

CHAPITRE **TROIS**

Cap Sheridan, automne 1908

*Les quartiers d'hiver — Nous partons
à la chasse — Un ours pas comme les autres*

L e cap Sheridan était un roc enneigé et désertique, battu par des vents glaciaux, à l'extrême nord du Canada. Notre débarquement sur cette terre hostile fut pourtant un grand soulagement.

Comment vous faire sentir à quel point ?

Imaginez deux cent quarante-six chiens-loups débordants d'énergie. Leur activité favorite : se bagarrer pour savoir qui est le plus fort. Seconde activité favorite : hurler à la mort, tous ensemble, pendant d'interminables minutes. Vous voyez le tableau ? Bon, imaginez maintenant ces deux cent quarante-six fauves enfermés avec vous dans votre maison pendant trois semaines, sans jamais pouvoir en sortir, pas même pour faire leurs besoins. Vous les sentez bien ?

À notre arrivée au cap Sheridan, le *Roosevelt* ressemblait à ça : un enfer assourdissant et nauséabond. En comparaison, l'austère cap nous parut un doux paradis.

Le commandant Peary avait choisi d'y accoster — comme lors de notre précédente expédition —, car c'était l'un des caps les plus au nord qui soit. Au-delà, il n'y avait plus de terre, juste une immense mer recouverte de glace, l'océan Arctique. Au printemps suivant, c'est sur cette banquise que nous tenterions de parcourir, à traîneau, les 750 derniers kilomètres jusqu'au pôle Nord. Mais nous n'en étions pas encore là.

Pour l'instant, c'était l'automne et nous devions nous préparer en vue de la longue nuit polaire. Nous commençâmes par débarquer les chiens, les traîneaux, les sacs de charbon et une partie des vivres, puis nous lavâmes le *Roosevelt* de fond en comble. Le commandant nous envoya ensuite à la chasse par groupe de trois : nous devions faire des provisions de viande fraîche pour l'hiver. Nous la conserverions dans cette immense glacière à ciel ouvert qu'est l'Arctique.

Je revois mon départ pour la chasse comme si c'était hier. Le soleil était timide et la température frisquette : 15 degrés sous zéro. Le blizzard me giflait le visage.

— *Hook !... Hook !*

Mes huit chiens dressèrent leurs petites oreilles pointues. En esquimau, « *hook !* » signifie « en avant ! ». Ils se levèrent puis tirèrent sur leur harnais. Le traîneau resta un instant immobile, collé à la glace. Je fis claquer mon fouet dans l'air et poussai à l'arrière de la luge. Elle s'ébranla brusquement et prit de la vitesse.

— *Ash-oo !... Ash-oo !*

Obéissant à mes ordres, la meute obliqua sur la gauche, en direction d'un vieux glacier ridé. Je me retournai : les traîneaux d'Ootah et Ooqueah me suivaient.

Une crevasse à franchir, des monticules à contourner, d'autres crevasses et une pente de plus en plus raide : l'ascension du glacier fut pénible. Heureusement, nos luges étaient peu chargées — une tente, de la nourriture pour une semaine, de l'alcool et un réchaud, une casserole, les sacs de couchage et les carabines.

— How-ooooo !

Mes chiens s'arrêtèrent au sommet du glacier et j'attendis, essoufflé, Ootah et Ooqueah. Devant nous s'étendait un paysage âpre, dur, inhospitalier — je ne saurais trop le définir. Il était fait de glace et de roc, sans aucun arbre pour l'adoucir, à peine quelques touffes d'herbe perçant sous la neige. Et pas la trace d'un renne ou d'un bœuf musqué.

— *Hook !... Hook !*

Je me remis en marche, les yeux pleurant de froid, le nez gelé et les pieds douloureux. Avant de quitter le navire, j'avais troqué mes vêtements d'Américain contre des fourrures d'Esquimau, plus adaptées au climat. Mais mes nouvelles bottes en peau de phoque me tenaillaient au niveau des chevilles.

Ce jour-là, nous ne vîmes pas l'ombre d'une proie.

Le soir, pendant qu'Ootah et Ooqueah montaient la tente, je donnai la pâtée aux chiens. Comme à chaque repas, Le Requin, champion du monde de la fauche, remit son titre en jeu et essaya de piquer la ration de ses compagnons. De tous sauf un : sur le bateau, Le Requin

s'était fait un ami, un chien blanc avec une tache jaune autour de l'œil droit. Depuis, ils étaient inséparables. Jamais je n'ai vu Le Requin s'attaquer au repas de son copain. L'amitié, nom d'un chien, c'était sacré !
Je les observai finir leur dîner quand...
— *Nanooksoah !... Nanooksoah !*
Ooqueah hurlait comme un forcené :
— Là-bas !
À environ un kilomètre de nous, sur une crête enneigée, une forme blanche se déplaçait. Elle s'arrêta quelques secondes, reprit sa marche et disparut de l'autre côté de la crête.
— On y va ? s'écria Ootah, survolté.
— Allez-y ! je leur répondis.
Rien n'excitait plus un Esquimau que la chasse à l'ours blanc. Moi, j'avais eu ma dose d'efforts pour la journée et je devinais l'issue de la poursuite : les chiens étant détachés, les Esquimaux partiraient à pied avec des chances infimes de réussite.
Une heure plus tard en effet, alors que je préparais la tambouille, ils revinrent bredouilles.
— Il était trop loin, déclara Ootah, dépité, en pénétrant dans la tente. Mais il a laissé des traces. On le suivra demain !
Cette nuit-là, je me tournai et me retournai longtemps dans mon sac de couchage, à la recherche du sommeil. Lors d'un raid arctique, la première nuit est

toujours pénible : on ressent très vivement le froid et les chiens aboient sans cesse. Et là, en plus, l'un des Esquimaux ronflait comme un bûcheron.

— Miy !... Tu dors ?

C'était Ooqueah, le plus jeune des deux, l'amoureux de la belle Anaddoo, qui m'appelait par mon surnom.

— Quoi ?

— Miy, je me pose une question. Tu es un excellent conducteur de traîneau. Le meilleur des Américains ! Et tu es aussi le meilleur chasseur. Alors pourquoi c'est Peary le chef et pas toi ?

Pas facile, comme question ! Chez les Esquimaux, la valeur d'un homme se mesure à sa capacité à survivre en Arctique, et donc à conduire les traîneaux, à chasser ou à bâtir un igloo. Comment lui expliquer qu'en Amérique nos valeurs étaient différentes ?

Moi, je suis né dans le Maryland en 1866, trois ans après l'abolition de l'esclavage. Mes parents étaient de pauvres métayers, dont je ne me souviens plus du visage : tous deux sont morts lorsque j'étais gamin. Après quelques années chez un oncle, je me suis engagé à douze ans comme mousse sur un voilier. J'ai passé toute mon adolescence sur des bateaux, aux quatre coins du monde. Tout ça pour dire que je suis très peu allé à l'école : j'ai appris à lire sur le tard et j'ai encore des difficultés à faire certains calculs.

Ici, en Arctique, ça n'avait aucune importance. Les

Esquimaux ne connaissent ni l'écriture, ni l'argent, ni le racisme. Peu leur importait que je sois noir, pauvre et sans diplôme : j'étais tout de même quelqu'un de bien. Mais aux États-Unis, il en allait différemment. Devais-je dire à Ooqueah que chez moi, aux yeux de mes compatriotes, je ne valais pas grand-chose, sinon rien du tout ?

— Tu vois, répondis-je simplement, c'est Peary qui a eu l'idée du voyage. C'est lui qui a fait construire le *Roosevelt* et c'est lui qui a trouvé les hommes pour l'accompagner. Alors c'est normal que ce soit lui le chef, non ?

Il y eut un long silence.

— Il a eu de la chance de te trouver. Comment a-t-il fait ?

— Oh, c'est une longue histoire ! J'avais vingt et un ans et je vivais dans une ville appelée Washington...

J'épargnai à Ooqueah les raisons qui m'avaient fait atterrir à Washington : pendant ma jeunesse sur les océans, j'avais souffert des insultes et des coups reçus simplement parce que j'étais noir. À dix-huit ans, écœuré, j'avais regagné la terre ferme et m'étais installé dans la capitale américaine, plus tolérante que les campagnes et les villes du Sud.

— Miy, c'est quoi une ville ?

— Une ville, c'est un endroit où il y a beaucoup de maisons, beaucoup d'igloos, si tu préfères. Dans la ville appelée Washington, je travaillais dans un magasin de chapeaux. Un chapeau, c'est une sorte de capuche d'anorak. Un jour, Peary est entré dans le magasin. Il avait trente et un ans et il partait pour son travail dans un pays très chaud, le Nicaragua. Il avait donc besoin d'un chapeau. Il avait aussi besoin d'un serviteur pour porter ses affaires et faire la cuisine. À tout hasard, il a demandé à M. Steinmetz, le marchand de chapeaux, s'il connaissait quelqu'un. Et M. Steinmetz a pensé à moi. Il est venu me chercher à l'arrière du magasin et j'ai rencontré Peary. Je l'ignorais encore, mais c'était le jour le plus important de ma vie. Un mois plus tard, j'ai quitté le magasin de chapeaux pour accompagner Peary au Nicaragua. Mais au fait, tu sais ce que c'est qu'un magasin ?

Il y eut un autre long silence, puis un ronflement retentissant.

— Fais de beaux rêves, Ooqueah. Embrasse Anaddoo de ma part !

Oui, vraiment, ce jour de 1887 avait été le plus important de ma vie — avec, bien plus tard, celui de mon mariage. Au Nicaragua, Peary m'avait trouvé débrouillard et m'avait proposé de l'accompagner au Groenland. C'était une décision osée : de nombreux journaux, qui relatait notre départ, s'en étaient étonnés : « Un Noir au Groenland ? Le pauvre ! Ne va-t-il pas mourir de froid ? » Quel raisonnement stupide ! Les Blancs meurent-ils de chaud en Afrique ? Les journalistes

47

m'imaginaient peut-être courir sur la banquise nu comme un singe...

Heureusement, Peary n'avait pas tenu compte de leurs réflexions et m'avait emmené. Je lui en serai éternellement reconnaissant. J'avais trouvé en lui un ami protecteur, un grand frère, presque un père adoptif.

• • •

Après une courte nuit, la traque à l'ours débuta.

D'après la taille des pas dans la neige, c'était un grand mâle, un mâle immense. Curieusement, il se dirigeait loin vers l'intérieur des terres, ce qui était inhabituel pour un ours blanc.

Ses traces nous conduisirent d'abord à un grand lac gelé. Nous devions gagner du terrain sur lui, car les chiens étaient de plus en plus excités. En milieu de journée, nous perdîmes sa trace, mais les chiens la retrouvèrent à l'odeur.

— Là-bas ! s'écria Ootah.

L'ours se trouvait à cinq cents mètres de nous, en direction d'un canyon. Il nous regarda un instant, puis se mit à courir. Nous détachâmes huit chiens qui le prirent en chasse. Mais de nouveau, l'animal se comporta bizarrement : en général, un ours pourchassé s'arrête et fait face à ses agresseurs. Là, il fuyait.

— Tu crois que c'est Tornarsook ? demanda le jeune Ooqueah, inquiet, à Ootah.

— Peut-être, répondit l'autre, guère plus rassuré.

Les chiens perdirent la trace de l'ours dans un labyrinthe de crevasses. Il était là, terré quelque part, mais où ?

Chacun prit une carabine et la chargea, puis nous nous séparâmes. Je partis sur la gauche. Il y avait de nombreuses crevasses assez profondes pour abriter la bête. Je les inspectai une à une. Soudain je l'aperçus, à trente mètres devant moi, tapi au fond d'une cavité, qui m'observait en silence. J'enlevai lentement mes moufles, épaulai la carabine, visai entre les yeux, retins ma respiration, et appuyai sur la gâchette par deux fois. Deux claquements secs. L'ours poussa un grognement rauque.

— Tu l'as eu ? hurla un Esquimau.

Aujourd'hui encore, j'ignore ce qui s'est passé. Un frisson dû au froid, peut-être. Je ne sais pas.

— Non, je répondis.

L'ours s'enfuit avant que j'aie le temps de recharger ma carabine. On ne retrouva pas sa trace.

Le soir, sous la tente, les Esquimaux ne parlèrent que de ça.

— C'était Tornarsook ! Pour échapper aux chiens et aux balles de Miy, c'était pas un ours normal. C'était Tornarsook !

— Et en plus, il se dirigeait vers l'intérieur des terres, vers son territoire !

Pour les Esquimaux, qui vivent le long des côtes, l'intérieur des terres est une région mystérieuse. C'est le pays des mauvais esprits et du pire d'entre eux, le terrible Tornarsook. Grand Diable en personne, il peut se manifester sous la forme d'une tempête de neige, d'un animal ou encore d'un souffle invisible. Il faut alors l'apaiser avec des petits cadeaux et des chants. Et toujours rester sur ses gardes : avant de jeter un vêtement usé, les Esquimaux le déchirent pour que Tornarsook ne s'en serve pas. Un Diable chaudement vêtu est plus redoutable qu'un Diable grelottant.

— Il est entré dans le corps de l'ours, c'est certain ! lança Ootah.

— Mais si on tue l'animal, Tornarsook s'enfuira-t-il par le trou de la balle ?

— Je préfère pas le savoir... Hé ! Miy, faut abandonner la chasse, c'est trop dangereux !

— On verra demain, je leur répondis en m'emmitouflant dans mon sac de couchage.

Accroupis sous la tente, mes compagnons entamèrent des chants monotones en se balançant d'avant en arrière. Ils appelaient à la rescousse les esprits bienfaisants de leurs ancêtres. J'ignore l'effet que ces incantations eurent sur Tornarsook mais, sur moi, ce fut rapide et efficace : je m'endormis.

• • •

Lorsque je rouvris les yeux, Ootah et Ooqueah chantonnaient toujours. Je regardai ma montre : 6 heures du matin, l'heure de lever le camp. Avaient-ils veillé toute la nuit ?

Dehors, le temps avait changé : de gros nuages bas étaient accrochés aux montagnes. Un vent lugubre ululait et nous envoyait du grésil sur les yeux. On aurait dit une pluie d'épingles.

— C'est Tornarsook qui nous crache au visage ! déclara Ootah. Miy, je rigole pas, faut faire demi-tour !

Je ne reconnaissais pas mon ami Ootah : normalement, ce gaillard dodu de trente ans et d'un mètre quatre-vingts, presque un géant pour un Esquimau, était très courageux. Un jour, alors qu'un morse d'une tonne blessé et furieux fonçait sur moi, il s'était interposé en criant pour détourner l'attention de l'animal. Et voilà le même Ootah qui tremblotait pour quelques flocons de neige ! C'était déconcertant...

Que devais-je faire ? À ma place, je le sais, Peary aurait agi en chef : il les aurait sermonnés et obligés à reprendre la chasse. Mais je n'étais pas Peary.

— Bon, on fait demi-tour.

Soulagés, mes compagnons plièrent rapidement la tente puis on se mit en route.

Sur le chemin du retour, le temps s'éclaircit peu à peu. Il faisait toujours aussi froid mais, curieusement, je ne souffrais plus des 20 degrés sous zéro ; au contraire, j'appréciais ce picotement vif sur mon visage. Les chiens avançaient bien et mes bottes ne me faisaient plus mal. Même le paysage, qui n'avait pourtant pas changé, me paraissait plus doux qu'à l'aller, presque accueillant. J'étais bien.

Une remarque du vieil Ikwah me revint alors à l'esprit.

C'était lors de mon tout premier voyage au Groenland. Quand il m'avait vu pour la première fois, Ikwah avait pris ma main, remonté ma manche et collé son bras dénudé contre le mien pour comparer nos couleurs de peau. Il avait ensuite pointé son doigt vers moi et dit : « Esquimau... Esquimau ! » Tous les étrangers qu'il avait vus jusque-là étaient blancs. Puisque je n'étais pas blanc, je n'étais pas un étranger : j'étais donc un Esquimau. Et qu'importe si mes yeux n'étaient pas bridés, si mes cheveux étaient crépus et si j'avais de la moustache ! Pour Ikwah, j'étais un cousin égaré qui revenait au pays. Il s'était alors fait un devoir de m'apprendre tout ce que j'avais « oublié » : à parler esquimau, à chasser le phoque, à bâtir des igloos en terre pour l'été, en neige pour l'hiver, à réparer un traîneau cassé par 50 degrés sous zéro, à maîtriser des chiens qui se rebellent... Je m'étais révélé un élève attentionné et, je dois le dire, plutôt doué, ce qui avait confirmé Ikwah dans son idée : j'étais un Esquimau.

Et s'il avait raison ?

Voilà ce que je me disais sur le chemin du retour : peut-être avais-je en moi un côté esquimau qui me faisait aimer ce pays, sa glace et ses habitants.

Soudain, une question saugrenue me traversa l'esprit : tout à l'heure, pourquoi avais-je accepté de rebrousser chemin ? Pour éviter un conflit avec mes compagnons ou parce que j'avais, moi aussi, eu peur de Tornarsook ? Étais-je assez esquimau pour cela ?

L'hypothèse me fit sourire, et même plaisir.

CHAPITRE QUATRE

Prisonniers du *Roosevelt*, hiver 1908

*Une nuit de cinq mois — Tempête, mort de chiens
et* pibloktos *— L'insoutenable attente*

Ma cabine était petite mais pratique.

Au fond, près de la coque, se trouvait le lit. En dessous, un coffre à habits qu'on ouvrait en relevant le lit. À droite en entrant, une planche en bois servait de table. Pour gagner de la place, elle se rabattait contre la cloison. Sur les étagères, mes livres : *Bleak House* de Charles Dickens, les *Chansons de la chambrée* de Rudyard Kipling, la Bible et les ouvrages écrits par le commandant Peary racontant nos dernières expéditions.

Il fallait faire attention de ne jamais pousser les livres tout contre la coque. Comme elle communiquait avec l'extérieur, elle était glacée, même à l'intérieur : l'humidité de l'air de la cabine s'y déposait et formait une couche de givre. Un livre touchant la coque se retrouvait rapidement soudé à elle. Une fois par semaine, je raclais le givre et le jetais dehors par seaux entiers.

Au-dessus de la table, j'avais épinglé la photographie de ma femme Lucy. Ce cliché était comme une fenêtre ouverte sur mon autre vie. J'ai toujours eu l'impression d'avoir deux vies bien séparées, l'une blanche et l'autre noire : d'un côté, ma vie en Arctique avec le commandant, l'amitié des Esquimaux, la nature sauvage et l'impression d'être utile ; de l'autre côté, ma vie aux États-Unis.

À chaque retour d'expédition, à l'instant même où je posais le pied sur la quai, je cessais d'être un explorateur. Je devais me trouver un appartement et un petit boulot pour survivre jusqu'au prochain départ. J'ai ainsi été empailleur dans un musée d'histoire naturelle et porteur de bagages dans des wagons-lits. Pendant ces mois-là, je voyais peu le commandant : nous ne vivions plus dans le même monde. Lui, une fois rentré, devenait une célébrité, un explorateur polaire à la mode.

Longtemps, j'ai détesté ma vie américaine. Jusqu'à ce jour de 1904 où je l'ai rencontrée chez des amis new-yorkais : elle s'appelait Lucy Ross et elle était magnifiquement belle. J'ai mis du temps à lui déclarer mon amour, tellement elle était belle. Depuis, elle est devenue ma femme et, comme nous n'avons pas d'enfants, mon unique raison de me réjouir lorsque je rentre en Amérique. Sa photographie épinglée dans ma cabine du *Roosevelt*, c'était le lien entre mes deux vies.

Sinon, quoi d'autre dans ma cabine ? Ah si, très important : le calendrier. J'avais un calendrier publicitaire avec, en peinture, une jeune femme blonde qui pêchait à la ligne dans un paysage champêtre. Chaque jour de l'hiver polaire, pour bien sentir le temps qui passe, je barrais la date correspondant. Les journées marquantes, je m'asseyais sur le lit, taillais mon crayon et notais quelques mots dans un carnet à spirale, pour m'en souvenir plus tard.

12 octobre. – Le soleil a définitivement disparu. Durant l'été, il a tourné en rond dans le ciel, puis, à l'automne, il est lentement descendu sur l'horizon. Aujourd'hui à midi, il s'est levé une dernière fois pour se recoucher immédiatement. Il ne se montrera plus avant cinq mois.

23 octobre. – Lumière et température de plus en plus basses. La journée n'est plus qu'un interminable crépuscule couleur de plomb. Dehors, il fait – 30 °C.

1ᵉʳ novembre. – Horaires d'hiver. À partir d'aujourd'hui, déjeuner chaque jour à 9 heures du matin, puis journée de travail pour préparer le raid à traîneau du printemps. Dîner à 16 heures, puis temps libre. À 22 heures, coup de cloche pour demander l'arrêt des bruits gênants. À minuit, second coup de cloche pour l'extinction des feux. Pour les repas, menu identique d'une semaine à l'autre. Aujourd'hui dimanche, nous avons eu au déjeuner : céréales, biscuit sec bouilli à la morue salée, pain et beurre, café. Au dîner : truite saumonée, fruits, chocolat. Les Esquimaux mangent ce qu'ils veulent : ils ont libre accès à la cuisine, comme d'ailleurs à tout le bateau (sauf à la cabine du commandant).

10 novembre. – Tous ceux qui étaient en vadrouille, à la chasse ou en exploration, sont maintenant rentrés. La grande nuit a avalé le *Roosevelt*. Il fait noir vingt-quatre heures sur vingt-quatre. Nous sommes bloqués sur le bateau comme dans une prison. Interdiction de s'en éloigner à plus de 500 mètres, même muni d'une lanterne. Au-delà, on risque, si la lumière s'éteint, de ne jamais retrouver son chemin. La nuit polaire me donne un peu le cafard ; je ne dois pas être un vrai Esquimau.

11 novembre. – On a construit un large igloo sur le pont. Il sert de studio photographique au môme Borup (ça l'occupe, c'est bien). Devant l'objectif, les Esquimaux s'amusent à simuler des scènes de pêche ou de chasse... Mais ils refusent de se laisser photographier en train de manger. Je ne sais pas pourquoi.

12 novembre. – Terrible journée. Ça a commencé par un furieux blizzard qui a fait siffler les cordages. Le *Roosevelt* craquait, vibrait, geignait. Impossible de sortir sur le pont : on était rejetés en arrière par le vent, la neige et l'obscurité, comme poussés par une main invisible. La tempête de la mort ! Les Esquimaux, terrorisés, ont appelé leurs ancêtres au secours. Le commandant a donné l'ordre d'éteindre les lampes à alcool et les poêles à charbon, pour éviter tout incendie. Dans les ténèbres et le froid, on a attendu que ça passe. J'imagine que la fin du monde ressemblera à ça.

15 novembre. – Depuis la tempête, plusieurs familles esquimaudes se sont installées à terre (plus sûr, selon elles). Les autres sont restées dans le rouf avant du *Roosevelt*. L'intérieur ressemble à celui d'un igloo : des peaux par terre, des petites lampes à huile, des enfants qui jouent, des femmes assises en tailleur qui cousent des vêtements en fourrure, des hommes qui construisent des traîneaux avec du bois apporté d'Amérique. Je passe beaucoup de temps avec eux, à fabriquer des luges.

17 novembre. – Petite leçon d'astronomie par l'ami Ootah. Là où, dans le ciel, nous voyons une Grande Ourse, les Esquimaux voient un troupeau de rennes. La constellation des Pléiades est, pour eux, un attelage de chiens poursuivant un ours. La Lune représente une jeune fille qui fuit les avances d'un admirateur, le Soleil. J'aime la façon dont les Esquimaux voient le monde. Le commandant, lui, la trouve enfantine. Je ne crois pas qu'il s'y intéresse. Ce qui l'intéresse, c'est ce que les Esquimaux peuvent lui apporter dans la conquête du pôle (fourrures, chiens et traîneaux). Et c'est tout.

22 novembre. – Triste nouvelle : Le Requin est mort. Depuis quelques jours, il était devenu très faible et, ce matin, il est mort. Apparemment, ça vient de la nourriture. Peary est très inquiet : c'est le 90ᵉ chien sur 246 à mourir en deux mois. Nous en restera-t-il assez au printemps pour le raid en traîneau ?

29 novembre. – J'ai passé du temps avec le copain du Requin, inconsolable. Je crois qu'il m'aime bien. Pour sauver les chiens survivants, on a essayé de leur donner à manger du bœuf musqué, du renne et même du lard fumé. Finalement, avec la viande de morse, ils semblent aller mieux. Peary aussi.

7 décembre. – C'est la pleine lune. Une lumière blafarde éclaire faiblement le paysage, juste assez pour distinguer les formes. Pendant une dizaine de jours, on peut s'éloigner du navire. Mais faut rester très prudent ! Le cap'taine Bob, parti à la chasse, a failli y rester. Il était à cent kilomètres du *Roosevelt* avec ses Esquimaux. À un moment, il les a laissés dans l'igloo et s'est mis en quête de gibier, à la lueur de la lune. Il venait de trouver des traces de rennes lorsque des nuages ont caché la lune. Noir complet. Impossible de retrouver l'igloo. Il a alors attendu dans l'obscurité, par 50 degrés sous zéro, en tapant des pieds dans la neige pour se réchauffer. Heureusement, après une heure, les nuages se sont dissipés et il a pu retourner vers l'igloo. Mais pendant ce temps, les Esquimaux, le croyant perdu, s'étaient remis en route pour le navire. Par hasard ou par miracle, leurs chemins se sont croisés. Sinon, le capitaine aurait dû retourner au navire seul et dans le noir. Aurait-il survécu ? Je pense que oui : le cap'taine Bob est un félin, je le soupçonne de voir la nuit.

18 décembre. – Non, rien de spécial, juste pour dire que ce soir, après le dîner, on a joué aux fléchettes et j'ai gagné. Comme ça m'arrive jamais, tout le monde m'a félicité. Le môme Borup, qui est un excellent joueur, s'est prosterné devant moi comme devant un roi : il voulait que je lui donne des leçons ! Ça nous a bien fait rigoler.

20 décembre. – Tout à l'heure, une Esquimaude a déchiré ses vêtements et crié comme une forcenée. Elle a pleuré et gesticulé sur le pont, toute nue malgré les 45 degrés sous zéro, puis a sauté du navire et couru dix minutes dans la neige. Elle est ensuite restée une heure hébétée, les yeux injectés de sang, le corps secoué de spasmes. Depuis le temps que j'assiste à des *pibloktos*, je n'arrive toujours pas à m'y habituer. Le docteur Goodsell ignore la cause de ces crises de folie. En tout cas, il n'y a rien à faire : on n'intervient que lorsque le dément s'empare d'un couteau et met sa vie ou celle des autres en danger.

25 décembre. – Le facteur est passé ! Au déjeuner, nous avons reçu des lettres soigneusement conservées pour n'être ouvertes qu'aujourd'hui. Eh oui, c'est Noël. J'ai eu une gentille lettre de Lucy, qui dit qu'elle m'aime et me souhaite d'atteindre le pôle. Le môme Borup a reçu un petit mot de ses parents et le commandant, une longue lettre de son épouse Joséphine et de sa fille Mary, quinze ans, et un dessin de son fils Robert, cinq ans. Après l'ouverture du courrier, nous étions tous un peu absents, l'esprit ailleurs, flottant quelque part entre l'Amérique et l'Arctique. Dans l'après-midi, le professeur MacMillan (le chevelu) a organisé des concours sportifs : une course pour les enfants esquimaux, une pour les hommes, une pour les femmes portant un bébé dans leur capuchon, et une pour les femmes sans bébé. Le soir, dîner de gala avec couverts en argent. Au menu : bœuf musqué, plum-pudding et gâteau au chocolat. La journée s'est terminée par un concert de musique au Gramophone et un splendide spectacle naturel : une aurore boréale a illuminé le ciel de nuées roses et vertes. Une journée magnifique.

1ᵉʳ janvier 1909. – Changement de calendrier. Désormais, ce sera une jeune blonde croquant une pomme à pleines dents qui m'accompagnera. Bienvenue en Arctique ! (par – 46 °C...)

6 janvier. – Pleine lune. Le professeur Marvin (le chauve) est parti avec des Esquimaux vers le Groenland. Il y fera une étude scientifique des marées de l'océan Arctique. Cap'taine Bob, le docteur Goodsell et le môme Borup sont à la chasse, chacun de son côté. Ici, on charge les traîneaux pour le grand raid : en bas, un étage de boîtes rouges contenant le pemmican pour les chiens (pâtés de viande séchée et de graisse). Ensuite, deux étages de boîtes bleues avec les biscuits et le pemmican pour les hommes. Puis les bidons de lait concentré et l'alcool pour les réchauds. Et enfin le matériel pour la nuit : sac de couchage, réchaud, casserole, couteau-scie... Le commandant est de plus en plus nerveux et distant (« Ça va, commandant ? », « Très bien, Henson, très bien... »). Du coup, je deviens moi aussi nerveux. Je sais que le plus dur nous attend : 1 500 kilomètres aller-retour sur la glace flottante de la banquise.

12 janvier. – Je barre les jours, je barre les jours, mais le temps semble arrêté. Trois mois sans voir le soleil, une éternité !

25 janvier. – Ça y est, les vêtements de fourrure et les traîneaux sont prêts. Les chiens vont bien et il en reste assez pour le voyage sur la banquise. Manque plus que le soleil ! À bord, la tension nous gagne tous. Finies les soirées à jouer aux fléchettes, à écouter de la musique et à rigoler. Chacun se replie dans son coin avec ses inquiétudes, en essayant de ne pas les montrer aux autres. Le commandant contrôle mille fois chaque traîneau et refait nerveusement ses calculs. Le docteur Goodsell s'enferme dans ses bouquins. Le môme Borup travaille dans son laboratoire de photographie. Moi, je suis avec mes amis esquimaux.

28 janvier. – À midi, une lueur rouge est apparue derrière les montagnes, plein sud. Le soleil n'est pas encore tout à fait revenu, mais la nuit est déjà un peu partie. Un nouveau pas franchi avant notre départ.

10 février. – La lumière revient chaque jour un peu plus. Le froid reste vif : – 45 °C. Comme à l'automne, ambiance crépusculaire, entre chien et loup. Le problème est désormais simple : si l'on part trop tôt, on sera coincés par le froid et l'obscurité ; si l'on part trop tard, la chaleur disloquera la banquise et des canaux d'eau libre nous bloqueront le passage vers le pôle. Problème simple, mais décision terriblement difficile pour le commandant. Le succès ou l'échec de l'expédition se joue là.

14 février. – L'angoisse a gagné les Esquimaux : ils me reparlent sans cesse de l'expédition ratée de 1906. Certains ne veulent plus participer au raid. J'en ai touché deux mots au commandant. Il les a réunis pour leur expliquer son plan. Le départ vers le pôle se fera depuis le cap Columbia, au nord-ouest du cap Sheridan. La caravane sera constituée de 7 Américains, 17 Esquimaux, 20 traîneaux et 140 chiens (les autres resteront sur le *Roosevelt*). Elle sera divisée en 7 équipes indépendantes, formée chacune d'un Américain et de deux ou trois Esquimaux. Chaque équipe aura son propre matériel (réchaud, casseroles, vivres...) et pourra donc se débrouiller seule pour retourner vers la terre, en cas de problème. Ces explications ont semblé rassurer les Esquimaux.

15 février. — Ça y est, le cap'taine Bob est parti en éclaireur avec son équipe vers le campement du cap Columbia. Il ouvre le chemin et nous attendra là-bas. Je l'envie d'être déjà en route. Ici, je tourne en rond.

16 février. — J'ai pris un bain et me suis fait couper les cheveux à ras, genre boxeur. Mon départ est prévu pour demain. J'en ai le ventre noué, comme à la veille du plus important combat de ma vie. Ce voyage, cette ultime tentative contre le pôle représente tant pour moi. L'aboutissement de dix-sept années d'expédition. Et tout va se jouer maintenant. Avant d'écrire ces mots, j'ai longuement regardé chaque détail de ma cabine. Je viens d'y passer neuf mois et je ne la reverrai peut-être jamais. Je prends avec moi la photographie de Lucy.

17 février. – Un blizzard très violent et chargé de neige souffle en rafales. Visibilité nulle : dehors, le bras tendu, je ne vois pas ma main. Départ reporté à demain. Si Dieu le veut.

CHAPITRE CINQ

Le grand départ, printemps 1909

*3, 2, 1, partez ! — Nous marchons
sur la mer — Premières épreuves*

Lorsque j'ai ouvert les yeux, il faisait noir.

Pendant quelques secondes, je n'ai pas su où j'étais, comme après une nuit dans un wagon-lit. Ce n'était pas la couchette du *Roosevelt* : trop dur et trop froid. Je sentais que j'étais tout habillé, enroulé dans une peau de renne. J'entendais des respirations lentes et régulières à côté de moi.

Puis mon cœur s'est mis à battre très vite. Tout me revenait : l'igloo, le cap Columbia, le grand départ.

J'ai rampé dans l'obscurité et poussé le bloc de glace qui servait de porte. Dehors, le froid était vif et la lumière très faible. Des voix étouffées provenaient des autres igloos. Ma montre indiquait 5 h 30. J'ai refermé la porte et allumé la lampe à alcool. Sa lumière vive a envahi l'igloo : dans un coin, le réchaud, la vaisselle de la veille, nos bottes et nos manteaux en fourrure. Au fond, sous leurs peaux de renne, mes trois Esquimaux dormant les uns contre les autres.

— Ootah, Kudlooktoo, Ahwatingwah... Debout les gars, c'est l'heure !

— Mmmm...

J'ai fait fondre de la glace pour le thé et préparé le déjeuner : des biscuits et du pemmican. Après quelques minutes sur le réchaud, les pâtés de viande et de graisse se sont transformés en une bouillie épaisse et fumante. Ce n'était pas très ragoûtant, mais il fallait prendre des forces : la journée serait longue.

— Tout le monde est réveillé ? demanda une voix depuis l'extérieur. Départ dans une heure...

Je reconnus la voix grave et solennelle de Peary.

— On sera prêts, commandant, on sera prêts.

Nous avons déjeuné en silence. Parler pour dire quoi ? Que personne n'était jamais allé là où nous allions ? Qu'on n'était pas sûrs d'y arriver, ni d'en revenir ? Nous nous posions tous les mêmes questions, mais ces questions étaient sans réponse, alors à quoi bon les dire à haute voix ? Toujours en silence, nous avons rangé les affaires, enfilé nos manteaux, nos bottes et nos moufles, puis nous sommes sortis.

Le campement du cap Columbia était constitué de sept igloos. Un peu plus loin, en file indienne, une vingtaine de traîneaux chargés de vivres. Chaque homme s'activait dans son coin, selon les instructions données la veille par le commandant.

— Bonjour Matt, ça va ?

C'était le professeur Marvin qui sortait de son igloo.

— Bonjour professeur. Ça va et vous ?

Il hocha la tête, l'air grave. Lui aussi devait se poser les

La conquête du pôle

CARNET DOCUMENTAIRE

Qui étaient Peary et Henson ?

ROBERT PEARY naît le 6 mai 1856 en Pennsylvanie dans une famille modeste. Après ses études, il entre comme ingénieur dans la marine américaine. À 29 ans, une mission au Panama, où résonne encore le nom de Christophe Colomb, change le cours de sa vie : il sera explorateur. Et comme les dernières régions inexplorées du globe sont les pôles, il ira au pôle Nord. Son épouse Joséphine le soutient et l'accompagne lors de sa deuxième expédition : elle accouche d'une petite Marie en plein Groenland. Obstiné, Robert Peary atteint finalement son but le 6 avril 1909, lors de sa huitième expédition. Il meurt en 1920, reconnu et admiré, et est enterré dans le célèbre cimetière militaire d'Arlington.

L'arrivée au pôle

Ooqueah, Ootah, Henson, Egingwah et Seegloo au pôle Nord. Mais était-ce vraiment le pôle ? Pour l'atteindre, l'équipe a marché en direction du nord géographique. Or, sous ses pieds, la banquise bougeait. Si celle-ci a dérivé vers l'est, cela signifie que l'équipe a marché, sans le savoir, légèrement vers le nord-est. Aujourd'hui, certains doutent que Robert Peary ait atteint exactement le pôle Nord. Mais comme le débat est impossible à trancher, il reste le vainqueur officiel du pôle.

Raison n°2
Sur la banquise, Peary a utilisé les techniques esquimaudes.

Les **habits en fourrure** étaient les mieux adaptés contre le froid : bottes et moufles en phoque, pantalon en ours, parka en renard.

Les **traîneaux**, tirés par des chiens légers et résistants, permettaient de se déplacer sur la banquise.

Les **igloos**, construits en une heure, hébergeaient chacun trois ou quatre personnes.

Les raisons du succès de Peary

Raison n°1
Le Roosevelt a permis à l'expédition Peary d'aller le plus au nord possible en bateau.

Avec ses **mâts** et sa **machine à vapeur**, il naviguait par tout temps.

La **coque arrondie** et renforcée résistait à la pression de la glace.

L'**intérieur** était un abri idéal pour passer l'hiver au chaud.

1897

1895 Le Norvégien Fridtjof Nansen parvient à 420 km du pôle grâce à des traîneaux à chiens.

1897 Le Suédois Salomon Andrée part pour le pôle en ballon. Le ballon s'écrase et l'équipage meurt.

1900 Le duc italien Louis de Savoie arrive à 380 km du pôle.

1906 Peary et Henson rebroussent chemin à 320 km du pôle, faute de vivres. Nouveau record.

1909 Peary et Henson atteignent le pôle Nord.

1911 Le Norvégien Roald Amundsen atteint le pôle Sud.

À l'assaut du pôle !

Au cours des siècles, de nombreuses expéditions se sont lancées dans l'exploration du grand Nord, en bateau, à traîneau ou en ballon. Avec plus ou moins de réussite…

1588 L'Anglais John Davis remonte le long du Groenland et arrive à 2 000 km du pôle, un record.

1605 Henry Hudson établit un nouveau record, à 1 000 km du pôle.

1827 William Parry tente de vaincre le pôle avec des traîneaux tirés par des rennes. Il s'en approche à 800 km.

1831 James Ross atteint le pôle Nord magnétique, au nord du Canada. À cet endroit, l'aiguille d'une boussole indique… le sol !

1847 L'expédition de John Franklin, forte de 100 hommes, disparaît au nord du Canada.

L'habitat. Les Inuits vivaient dans des maisons basses en pierre plate. Lorsqu'ils partaient chasser en hiver, ils dormaient dans des igloos en neige. L'été, dans une tente en peau.

La famille. Le père chassait. La mère élevait les enfants, confectionnait les vêtements et veillait à ce que la lampe à huile ne s'éteigne jamais.

Les croyances. Pour les Inuits, tout objet et tout animal avaient une âme. Ces esprits influaient sur ce qui allait arriver.

Aujourd'hui. Depuis quelques dizaines d'années, la vie des Inuits a changé : ils habitent aujourd'hui dans des maisons en bois, se déplacent en motoneige, travaillent pour gagner de l'argent et les enfants vont à l'école. Leur culture ancestrale disparaît...

Les Esquimaux

Les Esquimaux, ou Inuits, vivent au nord de l'Amérique et au Groenland. Ils n'habitent pas sur la banquise mais sur la terre, le long des côtes arctiques.

La chasse. Autrefois, les Inuits vivaient de la chasse. La viande des animaux servait à se nourrir, la fourrure à s'habiller, la graisse à se chauffer et à s'éclairer, les os à fabriquer des hameçons...

Se déplacer. Les Inuits étaient des nomades : ils déménageaient souvent. Pour se déplacer sur la glace, ils utilisaient des traîneaux tirés par des chiens. Sur l'eau, ils naviguaient en kayak.

L'ours blanc croque du phoque et peut peser jusqu'à une tonne. Il est, avec le loup et le renard, l'un des grands prédateurs de l'Arctique.

Le pingouin, contrairement au manchot du pôle Sud, sait voler. En hiver, il migre vers les régions plus chaudes du Sud.

Le morse, maladroit sur terre, est très agile dans l'eau. Il se nourrit de poissons et utilise ses défenses pour décrocher les coquillages des fonds marins.

La faune et la flore

En Arctique, la faune est plus variée que la flore. L'été, la terre dégèle le long des côtes, permettant aux bruyères, mousses et pissenlits, dont se nourrissent les herbivores, de pousser. Mais ce dégel est insuffisant pour que des arbres prennent racine.

Le renne, aussi appelé caribou, vit en vaste troupeau. Comme le lièvre ou le bœuf musqué, il se nourrit d'herbes.

Confirmer la position. Tous les cinq jours, lorsque la météo était favorable, l'expédition calculait sa position avec un sextant. Cet instrument permet de mesurer la hauteur du Soleil au-dessus de l'horizon. Or cette hauteur dépend de l'heure, du jour et de la position sur le globe. En connaissant les deux premiers, il est possible, grâce à des tableaux, de calculer la troisième. Le pôle Nord géographique est l'endroit où la latitude est de 90° N.

Comment se sont-ils dirigés ?

Pour atteindre le pôle Nord, l'équipe de Peary a marché vers le nord. En confirmant, de temps en temps, sa position par rapport au Soleil.

Aller vers le nord géographique. Pour trouver cette direction, Peary utilisait une boussole. Mais attention ! Il existe deux pôles Nord : le pôle Nord géographique, vers lequel allait Peary, et le pôle Nord magnétique, vers lequel se dirige l'aiguille des boussoles. Les deux sont éloignés l'un de l'autre de 2 000 km. Pour aller vers le nord géographique, Peary devait en réalité se diriger vers le sud-est magnétique.

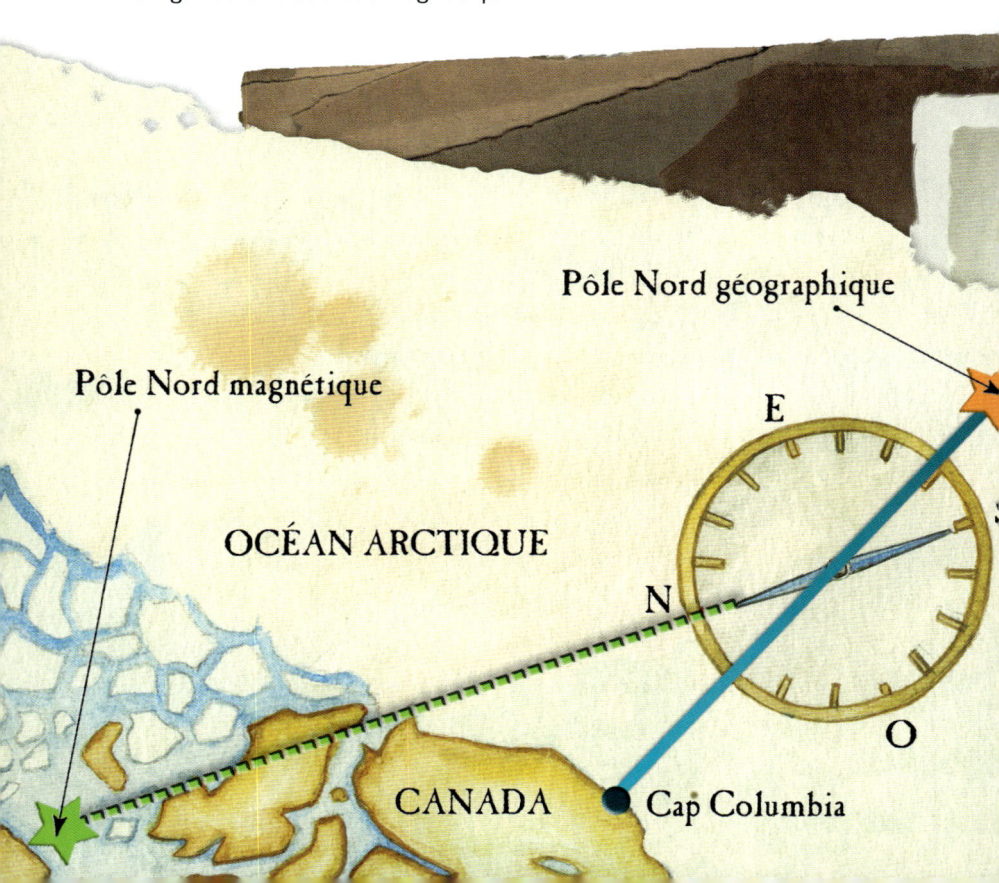

Pôle Nord géographique

Pôle Nord magnétique

OCÉAN ARCTIQUE

E

N

O

CANADA Cap Columbia

PÔLE NORD

1. **Groenland**, été 1908 : Peary recrute des Esquimaux, qui embarquent sur le *Roosevelt*.
2. **Cap Sheridan**, automne 1908 : le *Roosevelt* accoste et l'équipage se prépare pour la nuit polaire.
3. **Cap Columbia**, printemps 1909 : le grand départ en traîneau.
4. **Pôle Nord**, 6 avril 1909 : après cinq semaines de marche, la victoire !

OCÉAN ARCTIQUE

CANADA

GROENLAND

En route vers le pôle

L'Arctique est la région qui se situe au nord de la Terre. Elle est constituée d'un vaste océan recouvert de glace entouré de terres enneigées : Groenland, nord du Canada, Alaska, Sibérie et nord de l'Europe.

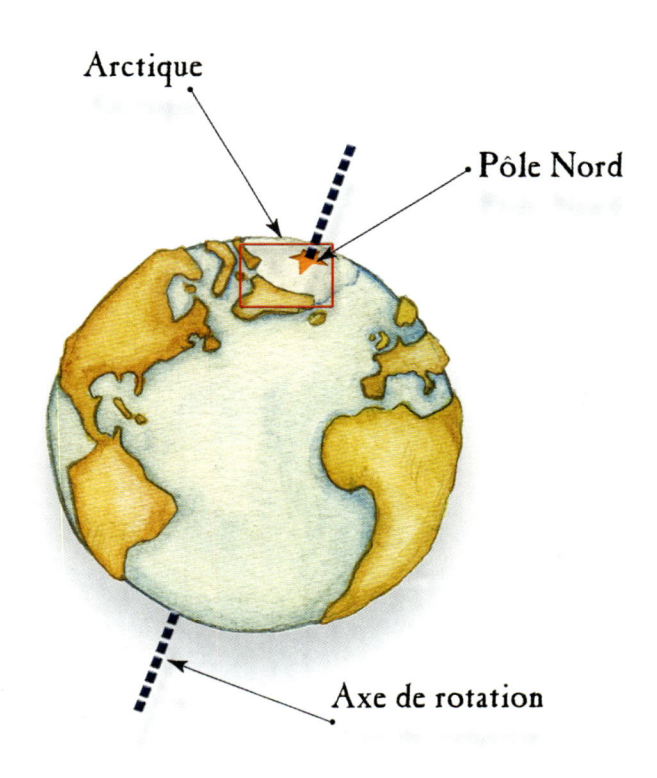

Arctique

Pôle Nord

Axe de rotation

Le pôle Nord géographique, objectif de l'expédition Peary, est le point virtuel situé à l'intersection du globe terrestre et de son axe de rotation.

MATTHEW HENSON naît le 8 août 1866 dans une région agricole proche de Washington. Pauvre et orphelin, il quitte très tôt l'école pour devenir marin. Sa rencontre avec Peary, à l'âge de 21 ans, bouleverse sa vie. Grâce au commandant, il découvre un lieu, le Groenland, où il ne souffre pas du racisme. Humble et curieux, il se passionne pour la culture esquimaude. Entre deux expéditions, il se marie avec Lucy, avec qui il n'a pas d'enfant. La conquête du pôle lui apporte une célébrité tardive et limitée. À sa mort, en 1955, il est enterré dans un petit cimetière du Bronx. En 1988, son cercueil et celui de Lucy sont transférés avec les honneurs à Arlington, où il repose désormais aux côtés de Peary.

mêmes questions. Je lui fis un sourire qui se voulait rassurant. J'appréciais beaucoup Ross Marvin. À trente-trois ans, il était très précoce : il était déjà professeur à l'université et déjà chauve. Il était aussi calme et patient : lors de notre précédent voyage, il avait passé pas mal de temps à essayer de m'apprendre le calcul astronomique. Je l'aimais beaucoup et j'aurais dû le lui dire. Mais, à cet instant-là, j'avais autre chose à faire.

Éparpillés autour des traîneaux, les chiens dormaient en boule, à moitié recouverts de neige, le museau au chaud sous leur queue touffue. Parmi ces boules de poils, j'en cherchai une en particulier, celle avec une tache jaune autour de l'œil droit.

— Ah, te voilà mon bonhomme... Allez, lève-toi, on va faire une petite balade !

Je passai la main sous le poitrail du copain du Requin, le soulevai et le mis sur ses pattes. Un frisson parcourut son corps : par 40 degrés sous zéro, même un chien esquimau a froid.

— Donne ta patte avant ! Passe-la dans le harnais... Et maintenant l'autre...

Je fixai le harnais — pas facile avec des moufles — puis allai chercher un autre chien. Lorsque huit chiens furent attachés au traîneau, je les laissai entre eux. Koolee, un grand gris avec le dos noir, montra les dents et deux autres, un noir et un blanc, grognèrent. Ça dégénéra immédiatement en bagarre générale. C'était rituel : ils

73

devaient décider qui imposerait sa loi. Ensuite, un seul grognement du chef, un seul regard, et tous obéiraient.

— Départ dans dix minutes ! lança le commandant Peary.

Je jetai un dernier coup d'œil aux environs. Sous mes pieds, il y avait la terre, une terre enneigée mais ferme, solide, rassurante. Devant moi, l'immense océan Arctique recouvert d'une couche de glace craquelée et mouvante. Notre adversaire. Je l'avais déjà affronté deux fois et deux fois j'avais perdu. Mais, à chaque tentative, j'avais eu l'impression de mieux en comprendre les dangers. Je m'étais amélioré. Plus on connaît son adversaire, plus on a de chances de le battre un jour.

— Départ dans cinq minutes !

Je vérifiai qu'on n'oubliait rien dans l'igloo, puis je rejoignis mes Esquimaux aux traîneaux de tête : Peary m'avait demandé d'ouvrir la marche. À l'avant de ma luge, mes chiens étaient couchés dans la neige, sauf Koolee, qui serait leur chef. J'aurais aimé que ce soit le copain du Requin, mais il ne semblait pas intéressé par le poste. Je pris mon fouet et attendis les ordres du commandant.

— Tout le monde est prêt ? Docteur Goodsell ? Matthew ? Professeur MacMillan, vous êtes prêt ?... Professeur Marvin ? Alors en avant, marche !

• • •

Dès les premiers pas, je sus que la banquise ne voulait pas de nous.

Un vent glacial se leva, qui soulevait la neige tombée par terre et la faisait tourbillonner. Le blizzard me projetait du grésil dans les yeux et profitait de la moindre ouverture pour s'insinuer sous mes fourrures et me glacer la peau. J'avançais en aveugle dans un paysage blanc et fantomatique, contre un vent qui me repoussait.

— How-eh !...

Mes chiens obliquèrent sur la droite puis montèrent une petite pente. Le traîneau ralentit. Une bourrasque de neige nous enveloppa, mais l'attelage parvint à franchir la crête de glace. À l'arrière de la luge, je poussai de toutes mes forces pour l'aider à passer. Mes bottes glissaient. Le traîneau faisait deux cent cinquante kilos, trois fois mon poids. Il bascula finalement sur l'autre versant de la crête neigeuse et prit de la vitesse. Je courus le rattraper.

Expirer, expirer, inspirer ! — pour éviter un point de côté.

Mais tout de suite, une autre crête à escalader. Le terrain était terriblement cabossé. La banquise n'est pas une patinoire lisse et figée : elle est formée d'une infinité de glaçons, grands comme une table ou comme une maison, qui sont poussés par les courants, se pressent les uns contre les autres, se soulèvent, forment des arêtes de plusieurs mètres de haut, des milliers de collines à franchir. La banquise bouge, craque, change. Elle est vivante. Et là, elle ne voulait pas de nous.

Expirer, expirer, inspirer.

À mesure qu'on s'éloignait de la terre, le vent redoublait. Je me retournai et aperçus, à travers l'air chargé de neige, l'attelage d'Ootah. Au-delà, tout était blanc. J'entendais juste, mêlés aux hurlements du blizzard, les ordres de Kudlooktoo à ses chiens. Et encore une crête à franchir. Les yeux mi-clos, je cherchais par terre les traces du cap'taine Bob. Sur ordre de Peary, il était parti en éclaireur avec le môme Borup et leurs Esquimaux, vingt-quatre heures avant le gros de la caravane. Ils ouvraient la route vers le nord avec des traîneaux allégés. Derrière, nous suivions leurs traces à moitié effacées avec nos traîneaux surchargés.

Expirer... expirer... inspirer...

Parfois, le vent soufflait si fort que j'en avais le souffle coupé. Je devais tourner la tête sur le côté pour respirer. Mais, curieusement, je me sentais bien dans cet enfer. J'aimais ce combat car il était équitable : ici, il n'était pas question de couleur de peau ; la banquise nous traitait tous de la même manière. Ici, il fallait avoir des gestes précis, efficaces ; et les miens l'étaient. J'étais à ma place. Malgré la météo extrême, j'avançais vite, ce qui était essentiel pour l'expédition. Notre temps sur la banquise était en effet compté : comme il n'y avait ni plantes ni animaux là où nous allions, nous emportions avec nous la nourriture pour tout le voyage. Chaque minute perdue réduisait nos réserves de nourriture et nos chances d'atteindre le pôle.

Expirer... expirer... inspirer...

Après chaque heure de marche, je m'arrêtais un peu pour laisser souffler les chiens. Et pour souffler moi aussi. Et mes Esquimaux aussi. Je frictionnais mon visage engourdi et grignotais des biscuits gardés au chaud sur moi. Si nécessaire, je m'éloignais pour satisfaire un besoin naturel — c'était le moment d'y penser. Puis nous reprenions notre marche. Car il s'agissait bien d'une marche : lors d'un raid polaire, on n'est jamais assis sur son traîneau, on marche ou on court derrière lui.

Expirer, expirer, inspirer.

En fin de matinée, après quatre heures de piste, le vent s'essouffla et la visibilité s'améliora, mais je n'eus pas le temps de m'en réjouir : la banquise contre-attaqua aussitôt. Mon traîneau venait de franchir une arête de glace lorsqu'il buta violemment dans une ornière gelée. Il y eut un craquement sec. Je stoppai les chiens et inspectai la luge : la large planche de bois au-dessus du patin gauche était fendue sur sa longueur. Et m... !

Par 40 degrés sous zéro, au milieu de nulle part, je me lançai dans une réparation de fortune aidé par mes Esquimaux. J'en connaissais les gestes par cœur pour les avoir déjà faits des dizaines de fois : défaire les sangles, décharger le traîneau, le coucher sur le flanc, prendre la

77

chignole, percer une série de trous au-dessus et en dessous de la fissure, enlever la moufle droite, prendre une lanière en cuir de phoque, l'enfiler dans les trous, au-dessus, en dessous, au-dessus, en dessous...

Soudain, je ne sentis plus mes doigts nus : ils commençaient à geler. Pas un instant à perdre : je remontai mon bras dans ma manche jusqu'à l'intérieur du manteau, puis je blottis la main glacée sous l'aisselle opposée — un vieux truc esquimau. Ootah, Kudlooktoo et Ahwatingwah poursuivirent la ligature et rechargèrent le traîneau.

La réparation dura trois quarts d'heure. Entre-temps, les équipes du docteur Goodsell, des professeurs MacMillan et Marvin et du commandant Peary nous avaient rattrapés et dépassés. Nous devions remonter toute la caravane au pas de course pour reprendre notre place en tête.

Expirer !... Expirer !... Inspirer !... Expirer !... Expirer !...

À chaque expiration, un petit nuage sortait de mon nez et venait grossir les glaçons dans les poils de ma capuche. Et encore une crête à franchir. Mais à peine avions-nous rejoint la tête du cortège que le traîneau d'Ootah lâcha à son tour. Désespérant ! On le répara, puis on remonta de nouveau la caravane au pas de course. Et toujours les crêtes. Septième heure de marche. Mes gestes devenaient moins précis, mes jambes plus lourdes, mon souffle plus court. À chaque instant, j'espérais entrevoir au loin les deux coupoles blanches qui mettraient fin à nos efforts. Mais au lieu de cela, maudite journée ! le traîneau de Kudlooktoo rendit l'âme, brisé en deux, irréparable.

— On est encore assez près du cap Columbia, expliquai-je à Kudlooktoo. Tu vas y retourner avec tes chiens, tu y prendras l'un des traîneaux de rechange et tu nous rejoindras au plus vite. Nous, on continue.

Expirer... Expirer... Inspirer... Expirer... Expirer...

Huitième heure de marche, premières crampes, le nez gelé et l'envie d'en finir. Quand, tout à coup, je vis se dessiner deux coupoles blanches sur la banquise, à un kilomètre de nous. J'en ressentis une joie enfantine.

Expirer, expirer et... souffler : l'étape était finie.

• • •

J'arrêtai mes chiens à côté des deux igloos, bientôt rejoint par Ootah et par Ahwatingwah, puis par les autres équipes.

— Ah, mon hôtel ! s'exclama le professeur Marvin. Je ne sais pas vous, mais moi, j'ai réservé une chambre avec baignoire ! Laquelle est-ce ?

— Pas si vite ! objecta le professeur MacMillan. On n'a pas décidé qui prendrait ces igloos !

Nous étions en effet cinq équipes pour deux igloos, les deux igloos bâtis la veille par le capitaine et Borup, et

abandonnés le matin même lorsqu'ils s'étaient remis en marche.
— En tout cas, moi, j'en prends un ! déclara Peary. Je suis le plus âgé et c'est moi le chef. Tirez au sort le second !
On se tourna vers le commandant pour voir s'il rigolait. Il avait l'air sérieux. Il n'y avait plus qu'un igloo de libre.
— Quelqu'un a-t-il une pièce de monnaie sur lui ? demanda MacMillan. Un dé ? Des brins de paille ? Bon...
Le professeur enleva ses moufles et arracha une touffe de poils de sa capuche. Il en garda quatre, trois longs et un court. Il était très doué pour organiser des jeux avec trois fois rien.
Le docteur Goodsell tira un poil, puis ce fut mon tour, puis celui de Marvin :
— Gagné, j'ai le poil court ! s'écria le professeur chauve.
Mes Esquimaux cherchèrent leurs couteaux-scies sur les traîneaux et commencèrent à découper des blocs de neige tassée, les briques de notre future maison. Moi, je m'occupai des chiens :
— Du calme, les fauves ! Y en aura pour tout le monde...
Ils savaient très bien ce que contenaient les boîtes rouges.

Le commandant nous donna ensuite ses instructions pour le lendemain et dressa un bilan de la journée passée : 25 kilomètres en huit heures. C'était pas terrible, mais, vu la météo et le terrain désastreux, il était quand même satisfait. Encore 725 kilomètres jusqu'au pôle, un mois de marche à ce rythme.

Je rejoignis ensuite mon igloo tout neuf. L'intérieur, éclairé par la lampe à alcool, était presque chaleureux : Ootah et Ahwatingwah avaient étalé une peau de renne par terre. Sur le réchaud, une soupe fumante de pemmican glougloutait. Au fond, nos trois couvertures nous attendaient. Il faisait bon : 15 °C.

Nous étions épuisés mais heureux. Pendant tout le repas, Ahwatingwah ne cessa de nous taquiner, Ootah et moi, sur nos traîneaux cassés : nous étions, selon lui, de mauvais conducteurs.

Après le dîner, mes compagnons se couchèrent et s'endormirent aussitôt. Moi, je pris mon carnet pour y noter deux ou trois bricoles. Au moment de l'ouvrir, la photo de Lucy en tomba : ma vie américaine s'invitait dans ma vie arctique.

« Tiens, bonsoir ma belle ! Bienvenue dans mon igloo ! Pas mal, hein ? Oui, je sais, la vaisselle n'est pas faite... Ootah la fera demain. Ootah, c'est le gars potelé avec les longs cheveux noirs, celui qui dort là. Je t'en ai beaucoup parlé, c'est mon meilleur ami. Et l'autre, c'est Ahwatingwah. Il se prend pour un dieu de la conduite, mais il est sympa. Et toi, as-tu passé une bonne journée ? J'espère que tu vas bien et que tu penses à moi. »

Ce soir-là, je refermai mon carnet sans y avoir rien écrit. Qu'avais-je d'intéressant à raconter ? Le blizzard glacial ? Les dizaines de crêtes ? Les traîneaux brisés ? Les crampes ? Il n'y avait là rien d'extraordinaire. C'était, pour un explorateur polaire, une banale journée de travail. Puisse l'avenir être aussi facile...

J'éteignis la lampe à alcool, m'enroulai dans ma peau, mais ne parvins pas à m'endormir : mes compagnons ronflaient à en faire trembler l'igloo.

Je me redressai et les secouai d'une main ferme.

— Ootah ! Ahwatingwah ! Ça va ? Vous êtes confortablement installés ?

— Mmmm... Miy... je dormais déjà...

— Moi aussi, Miy, je dormais...

— Oh, excusez-moi les gars ! je leur répondis. Désolé...

Je me recouchai aussitôt et fermai les yeux. J'avais cinq minutes pour m'endormir avant le retour des ronflements.

CHAPITRE SIX

Les dangers de la banquise

*Des nuages noirs de mauvais augure —
Bloqués par les « brisures » —* Tornarsook !

L e deuxième jour de marche, le blizzard faiblit mais la température resta glaciale : un air à vous congeler les poumons.

Le matin, les kilomètres défilèrent sous nos bottes. Un, deux, trois, cinq, dix... J'ai toujours possédé ce talent particulier de pouvoir estimer précisément les distances parcourues. Je suis un compteur kilométrique ambulant ! Ce don est très utile en Arctique et n'a cessé d'étonner le commandant : autrefois, lors d'un long raid au nord du Groenland, j'avais parié avec lui que nous avions marché 520 kilomètres. Il avait calculé la distance exacte et trouvé... 510 kilomètres. Pas mal, non ?

Enfin bon.

Ce deuxième matin, nous avons marché treize kilomètres sans gros problèmes. Mais je savais que c'était trop beau pour durer : la banquise nous préparait quelque chose, quelque part.

Et en effet, en milieu d'après-midi, alors que le ciel était dégagé au-dessus de nos têtes, un épais nuage noir apparut bas sur l'horizon, plein nord, droit où nous allions.

— Miy ! s'écria Ootah. Tu as vu ?
— Oui, j'ai vu...
Nous savions trop bien, hélas ! ce qu'il signifiait.
Dans le ciel bleu, ce nuage noir paraissait saugrenu : il n'était pas à sa place. Il ressemblait d'ailleurs plus à la fumée d'un feu de prairie qu'à un nuage. Mais une fumée de feu de prairie, sur la banquise, c'était encore plus saugrenu.
On pénétra bientôt dans le nuage. Un fin brouillard rendit la lumière blanchâtre et mystérieuse. Elle gommait les ombres et j'avais du mal à voir les crêtes et à suivre les traces du cap'taine Bob et du môme Borup.
Derrière moi, j'entendais mes Esquimaux faire claquer leur fouet dans l'air. Ces claquements n'étaient pas destinés à guider les chiens, mais à effrayer le diable Tornarsook.
Quand tout à coup...
— How-oooo !
Je freinai des quatre fers le traîneau. Les chiens stoppèrent juste à temps : devant nous, la banquise s'arrêtait net. Là, à la place de la glace blanche, il y avait une masse noire et lisse ; la glace ne reprenait que cinquante mètres plus loin. Les courants marins avaient fait leur besogne : après le passage des éclaireurs, ils avaient écarté les glaçons et ouvert un canal d'eau infranchissable. Un épais brouillard s'élevait au-dessus de cette rivière, le fameux nuage visible de si loin.

La banquise avait réussi son coup : nous étions bloqués. Pire : elle avait divisé le groupe en deux. Devant, le capitaine et Borup poursuivaient leur route sans se douter de rien. Et comme ils n'avaient que cinq jours de vivres, ils manqueraient bientôt de nourriture si nous ne les rattrapions pas rapidement...

— Ahwatingwah, garde les chiens ! Ootah, viens avec moi...

On partit à pied vers l'ouest. Par là, le chenal semblait rétrécir un peu : peut-être pourrions-nous le contourner et poursuivre notre route. Ootah, son fouet toujours à la main, le faisait claquer nerveusement.

— Miy...
— Quoi ?
— Je dois te dire quelque chose.
— Quoi ?
— M'en veux pas, mais je retourne au bateau.

Aïe !... Je savais exactement ce qui se passait dans la tête de mon ami. Les Esquimaux ont l'habitude de vivre le long des côtes, où ils trouvent de quoi subsister. Ils ne s'aventurent jamais loin sur la banquise. Qu'y feraient-ils ? Il n'y a que de la glace et des dangers. Ils craignent cette région et ils ont raison.

Mais nous avions besoin d'Ootah, j'avais besoin de lui.

— Eh bien quoi, toi, le plus courageux des Esquimaux, tu as peur d'un peu d'eau ?!...

— Arrête, Miy ! Ce n'est pas « un peu d'eau » et tu le

sais bien ! J'ai participé à votre dernière expédition : là aussi, les problèmes ont commencé par un peu d'eau...

— Mais c'est pas pareil ! Ici, c'est qu'une petite brisure de rien du tout. Demain, elle aura gelé et on pourra passer.

Ootah resta perplexe. La situation était grave : les 17 Esquimaux étaient un élément essentiel du plan mis au point par le commandant. S'ils nous faisaient faux bond, nous ne serions plus assez nombreux pour conduire tous les traîneaux. Et sans les traîneaux, impossible d'arriver au pôle. Autant abandonner tout de suite !

— Attends ! j'insistai. Tu t'es engagé, on compte sur toi maintenant ! Tu n'as pas envie d'atteindre le pôle Nord ?

— Qu'est-ce qu'il y a à voir là-bas ?

— Je sais pas, personne le sait : personne n'y est allé.

— Alors pourquoi on y va ?

— Pour être les premiers !

— Et ça servira à quoi ?

— ...

Que répondre à cela ? Qu'on serait fêtés en héros à New York, Paris et Saint-Pétersbourg ? Qu'on ferait progresser la science et la connaissance ? Que les Noirs auraient une raison de se réjouir ? Que Lucy serait fière de moi ? Les Esquimaux n'en avaient rien à faire.

— Et les carabines qu'on te donnera si tu viens ?

— Miy, je préfère rester en vie. Je veux revoir mes enfants. J'irai pas au pôle...

Je revins aux traîneaux à court d'arguments, dépité. Les équipes de Marvin, de MacMillan, de Goodsell et de Peary nous avaient rejoints. Ootah fila vers le commandant lui annoncer la catastrophe :

— Je retourne au bateau !

Le commandant le fixa quelques secondes, impassible, son imposante carcasse bien droite. Son regard était froid et dur. Il avait un regard — comment dire ? — un regard de chef.

— Non, tu ne partiras pas. On reste tous ensemble et on passe nuit ici. Prends couteau-scie et construis igloo ! Allez !

L'ami Ootah en resta un instant bouche bée, interloqué, ne sachant comment réagir. Puis il obéit.

Il y avait chez Peary des aspects que je n'aimais pas, je trouvais par exemple qu'il pensait trop au pôle et pas assez aux gens qui l'entouraient, mais je ne pouvais m'empêcher d'admirer son aplomb. J'aurais aimé, de temps en temps, posséder son regard de chef. Le cap'taine Bob aussi l'avait. Moi, tout le monde disait que j'avais un regard gentil. Pas facile de donner des ordres quand on a l'air gentil.

Ce soir-là, on campa sur la berge sud de la rivière noire. Dans mon igloo, l'ambiance fut morose. Ootah était vexé et moi inquiet : la brisure se refermerait-elle dans la nuit ? Retrouverait-on les traces du capitaine et du môme ?

Tout ça ne me disait rien qui vaille.

• • •

Tac ! Tac, tac ! Tac !

Des petits coups dans la glace me réveillèrent.

Je connaissais bien ce bruit : Peary le faisait en tapant avec son piolet sur le sol de son igloo. C'était un code pour nous demander de nous préparer au plus vite.

Un rapide déjeuner et l'on se retrouva tous sur la banquise à atteler les chiens. Dans la nuit, le paysage avait entièrement changé : le brouillard avait disparu et la rivière aussi. Une épaisse couche de glace s'était formée dessus. Mais, comme les courants rapprochaient maintenant les deux rives, cette couche s'était brisée en larges plaques.

— Dépêchons-nous de traverser tant que c'est possible, ordonna Peary. Matthew, tu prends la tête !

— Bien, commandant.

Je fis claquer mon fouet. Mes chiens s'élancèrent. Plus vite, Koolee, plus vite ! Mon traîneau descendit sur une plaque de glace nouvelle. Sous le poids, elle oscilla, menaça de chavirer. Je sautai sur la plaque suivante. C'était comme traverser une rivière recouverte de gigantesques radeaux, en sautant d'un radeau à l'autre. Plus vite, Koolee ! Encore dix mètres. La glace tenait bon. Les chiens grimpèrent sur la berge opposée. Sauvés !

Ootah me rejoignit, souriant — il ne boudait jamais longtemps —, suivi par les autres. On chercha ensuite les traces du capitaine et de Borup.

— Rien par ici !
— Ici non plus...

Mes craintes se confirmaient : les deux berges avaient dérivé l'une par rapport à l'autre. Les traces se poursuivaient forcément quelque part, soit à gauche soit à droite, mais où ? Pendant une heure, on les chercha fébrilement et c'est Kyutah qui les retrouva deux kilomètres — *deux* kilomètres ! — plus à l'ouest.

On reprit alors notre marche vers le nord. Deux jours durant, on avança cernés d'épais nuages bas. La banquise ouvrait d'innombrables petits canaux sur notre route pour nous retarder, nous décourager, nous perdre. Mais nous tenions bon : nous contournions les brisures lorsque c'était possible. Parfois, nous mettions les traîneaux sur un iceberg puis nous ramions jusqu'à l'autre rive, comme sur une barque. Parfois, nous attendions que la rivière se referme d'elle-même. Malgré le temps perdu, nous restions sur les traces des éclaireurs.

Mais nous savions que le plus dur était devant nous, juste devant : un large nuage sombre, plus large et plus sombre que tous les autres, nous barrait la route. Après trois heures de marche, nous atteignîmes ce mur de vapeur. Au pied, une rivière noire comme de l'encre. Le cap'taine Bob et les autres étaient là, bloqués depuis la veille, mais notre joie de les revoir fut vite refroidie.

— J'ai inspecté la brisure, annonça le capitaine. Elle fait cinq cents mètres de large et s'étend à gauche et à droite aussi loin que porte le regard. Impossible de la contourner ni de la traverser. Il faut attendre qu'elle se referme. Mais ça risque d'être long...

Je jetai un œil discret vers Ootah : avait-il compris, lui qui ne parlait pas anglais, les paroles du capitaine ? J'eus soudain l'horrible impression de revenir trois ans en arrière. Un souvenir désagréable me remontait à la gorge : le goût de la viande de chien.

• • •

Le premier jour d'attente, tout alla encore bien. On raccommoda les traîneaux esquintés et on sécha nos fourrures. Et un heureux événement se produisit. Comme j'avais du temps libre, je le notai dans mon carnet :

5 mars. — À midi, apparition du soleil au-dessus de l'horizon, plein sud, pendant quelques minutes. C'est la première fois que je le revois depuis cinq mois. Quel bonheur !

Mais dès le lendemain, on commença à tourner en rond. On était bloqués à 680 kilomètres du pôle sans pouvoir rien faire. Peary inspectait à tout bout de champ la brisure, qui refusait de geler malgré le froid intense. Le cap'taine Bob faisait les cent pas, la mâchoire serrée, un vrai lion en cage. Assis sur la glace, les Esquimaux discutaient par petits groupes. Dès que je m'approchais, ils se taisaient.

   Nous pensions tous à la même chose : trois ans plus tôt, de semblables brisures avaient failli nous coûter la vie. À l'aller, l'une d'elles avait coupé la caravane en deux. L'avant-garde, dont faisaient partie Peary, Ootah, Seegloo et moi, avait poursuivi sa route avec très peu de nourriture. Pas assez pour atteindre le pôle. À contre-cœur, nous avions rebroussé chemin. Mais le pire nous attendait au retour : alors que nous n'avions plus rien à manger, une autre brisure nous avait empêchés de rejoindre la terre ferme. Nous avions attendu des heures et des heures qu'elle se referme, sans savoir si cela arriverait. Une terrible angoisse. Six jours, ça avait duré. Affamés, nous avions abattu nos chiens pour les manger.

   C'est ce drôle de goût qui me remontait à la bouche ; le goût de la mort.

   L'histoire était-elle en train de se reproduire ? Non, cette fois, la banquise n'avait pas réussi à nous diviser : nous étions tous unis contre elle.

   Tous unis ?...

   Le troisième jour, un nom circula parmi les Esquimaux, anxieusement répété : « Tornarsook ». Dans l'après-midi, après avoir discuté dans un coin, Pooadloonah et Panikpah allèrent trouver le commandant. Je les voyais faire de grands gestes, l'un montrant sa jambe et l'autre son bras. Je m'approchai.

— ... et quand je fais ça, j'ai mal là, à l'épaule !

— Et moi, avec mon pied gelé, j'arrive à peine à marcher.

— C'est bien vrai, tout ça ? demanda Peary.

— Bien sûr, commandant ! Faut nous croire...

— On doit retourner à terre ! s'écria Pooadloonah.

Face à un homme calme, Peary aurait utilisé son regard de chef, mais face à deux hommes surexcités, ça n'aurait fait qu'envenimer la situation. Peary semblait hésiter. Que valait-il mieux : perdre deux Esquimaux ou rendre la situation explosive ?

— Justement, j'ai besoin de deux personnes pour transmettre message au *Roosevelt*, déclara-t-il finalement. Vous retourner à terre, donner message, puis rentrer chez vous.

Les Esquimaux se calmèrent aussitôt, mais une porte était ouverte : qui seraient les prochains à démissionner ?

La banquise était en train de gagner la bataille : notre belle équipe se fissurait...

Le lendemain, un événement malencontreux faillit nous diviser définitivement. Le professeur MacMillan préparait du thé dans son igloo lorsque Weesockasee et Towingwah tombèrent dans les pommes à ses côtés.

Le professeur ouvrit aussitôt la porte de l'igloo pour l'aérer : les évanouissements étaient dus aux vapeurs d'alcool. Mais, pour les Esquimaux, la raison était ailleurs :

— Il a voulu nous tuer ! Tornarsook veut nous tuer !...

Un brutal vent de folie balaya le campement. Claquements de fouet, gesticulations et incantations. Une situation incontrôlable. Deux hommes se précipitèrent sur Peary :

— Je retourne à terre !
— Et moi aussi !

Je tentais de raisonner les plus agités. Le capitaine Bob surveillait les traîneaux et les chiens.

Puis des cris stridents !

Quatre Esquimaux hurlaient, debout en cercle. Au milieu, deux hommes par terre sur la glace. Je reconnus Ootah et le professeur MacMillan. Se battaient-ils ? Non, pas Ootah, pas lui, et pas le professeur ! Je me précipitai pour les séparer, quand...

— Gagné ! s'écria Ootah.
— Bien joué ! Une autre ?

Les deux hommes joignirent leur moufle droite et poussèrent sur le bras de l'autre.

— Je prends le gagnant, lança Egingwah.

C'était juste une partie de bras de fer. D'autres Esquimaux accoururent pour regarder et participer. Le professeur, habitué à s'occuper de collégiens, était parvenu à détourner leur attention. Après cette partie, il organisa des concours de lutte, de boxe et de course. Pour les vainqueurs, des couteaux et divers objets à récupérer sur le *Roosevelt*... Une fois l'expédition terminée, bien entendu. Et l'on n'entendit plus parler de Tornarsook !

Dès lors, seuls nous, les Américains, restèrent encore nerveux. Chaque heure qui s'écoulait, c'était une heure de nourriture qui s'envolait, comme si le pôle s'éloignait un peu de nous. Peary testa mille fois la solidité de la glace, qui commençait à recouvrir la brisure. Moi, j'observais les jeux esquimaux et m'amusais à deviner le nom des futurs vainqueurs, histoire d'oublier la brisure et le goût du chien.

Enfin, le septième jour, la glace devint assez épaisse pour qu'on marche dessus. La banquise avait peut-être compris qu'elle ne parviendrait pas à nous briser ; elle nous laissait reprendre notre route vers le nord.

CHAPITRE SEPT

S'il n'en restait qu'un...

Chaises musicales sur la banquise — Cruel suspense et tristes adieux — L'incroyable projet du cap'taine Bob

La suite de notre voyage ressembla à un jeu de chaises musicales. Mais ce n'était pas un jeu.

À mesure qu'on avançait vers le pôle, nos réserves de nourriture et d'alcool diminuaient. Un traîneau fut ainsi vidé, puis un autre et un autre. Des chiens et des hommes devinrent alors superflus. Plutôt que de continuer à nourrir ces bouches inutiles, Peary leur demanda de faire demi-tour, avec juste ce qu'il fallait de vivres pour rejoindre la terre ferme. Leur mission était finie.

Dès le départ du *Roosevelt*, nous connaissions les règles du jeu : nous partions à sept équipes, puis une première rebrousserait chemin, et une deuxième cinq jours plus tard, et ainsi de suite... À la fin, il n'en resterait que deux pour essayer d'atteindre le pôle : celle de Peary et une autre. Laquelle ? Ça, nous l'ignorions. Le commandant le déciderait le moment venu.

— Au revoir Matthew, prends bien soin de toi !

Des larmes brillaient dans les grands yeux du docteur Goodsell. Il leva la tête vers le ciel :

— Ce satané vent glacé !

— Oui, triste temps. Bonne route à vous, docteur...

Cruel moment. Nous étions à 650 kilomètres du pôle et aucun Américain ne voulait retourner au navire si tôt. Aucun ! Mais il en fallait un, alors Peary avait désigné le docteur : c'était sa première expédition et il serait plus utile comme médecin sur le *Roosevelt* que comme explorateur sur la banquise. Il rentrerait avec Wesharkoupsi et Arco.

Après les adieux, je grimpai au sommet d'une crête, pris la boussole et attendis que l'aiguille se stabilise. Je regardai en direction du sud-est : à environ trois kilomètres de moi, il y avait un pic de glace pointu facilement reconnaissable. Parfait point de mire. Je redescendis.

— Ahwatingwah, Koolootingwah, Ootah, vous êtes prêts les gars ? Alors en avant !

Je dirigeai mon attelage vers le pic pointu. Pour la première fois depuis le départ, je ne suivais aucune trace sur le sol. Peary m'avait demandé, pour les cinq jours à venir, de remplacer le capitaine comme éclaireur. J'en étais heureux. Je savais que, le moment venu de choisir celui qui l'accompagnerait au pôle, le commandant ne ferait pas de sentiment. Mon amitié et ma fidélité depuis vingt ans ne compteraient pas : il prendrait le meilleur explorateur. J'allais lui montrer que c'était moi.

Une fois le pic pointu atteint, j'arrêtai mes chiens et cherchai un autre repère visuel en direction du sud-est. Pourquoi le sud-est ? Car c'était bel et bien la direction du pôle Nord ! Il existe en effet deux pôles Nord. Le magnétique, vers lequel se dirige l'aiguille d'une boussole, se trouve au nord du Canada. L'Anglais John Ross l'a atteint pour la première fois en 1830. Nous, nous nous dirigions vers le pôle Nord géographique, ce point virtuel, tout en haut de la Terre, par lequel passe l'axe de rotation de notre planète. Comme ces deux pôles ne sont pas au même endroit, il n'était pas anormal, pour aller vers le nord géographique de là où nous étions, de nous diriger vers le sud-est magnétique !

J'avançais ainsi de repère en repère. Mais, en réalité, je n'avançais pas tant que ça. La neige était molle et les pattes des chiens s'y enfonçaient profondément. Et puis il y avait ces petits canaux à contourner, ces arêtes vives à franchir. La banquise ne m'aidait pas, le blizzard non plus. Et craaac ! un traîneau à raccommoder. Contrairement au cap'taine Bob, je n'avais pas un chargement allégé, moi. Et re-craaac, un autre traîneau. Malgré douze heures de marche épuisante, je ne parvins pas à faire les trente kilomètres demandés par Peary. Seulement dix-huit. Ça me mit un coup au moral. Le lendemain fut un peu meilleur, vingt-quatre kilomètres, mais le surlendemain, le terrain redevint affreux. Les brisures et les arêtes. Allez la banquise, s'il te plaît, dix kilomètres de piste correcte ! Ou seulement cinq. Ou juste un, s'il te plaît ! Mais non, toujours les crêtes et les rivières. Et re-re-craaac !

J'étais en train de bricoler, par 45 degrés sous zéro,

101

deux traîneaux neufs à partir de trois épaves lorsque j'entendis des chiens aboyer derrière moi. Ce n'étaient pas les miens ni ceux de mes Esquimaux : ils étaient allongés à côté des luges.

— Alors Henson, des problèmes ?

Le commandant !

J'étais parti avec vingt-quatre heures d'avance sur la caravane mais, en seulement trois jours, elle m'avait rattrapé. Je n'avais pas été à la hauteur.

— Commandant, je veux vous dire...

Son regard gris acier me glaça le sang.

— Ce sont les traîneaux, j'insistai. Et puis le terrain... mais je peux mieux...

— Bien sûr, Henson, bien sûr.

Mais c'était vrai, c'était pas pour me plaindre, mais je valais mieux que ça. J'avais eu un traîneau surchargé, moi, c'était pas juste. J'étais effondré. J'avais échoué.

• • •

Nous étions à 600 kilomètres du pôle et je serais le prochain à retourner au *Roosevelt*. Je n'atteindrais jamais mon but. Tout s'écroulait. Je n'avais même plus envie de continuer.

Je devais pourtant — amère obligation ! — marcher encore un peu vers le nord : pendant que j'étais éclaireur, le professeur MacMillan, victime d'un talon gelé, avait rebroussé chemin avec deux Esquimaux. La caravane n'était plus composée que de 5 Américains, 11 Esquimaux, 100 chiens et 12 traîneaux. Le prochain retour aurait lieu dans cinq jours.

Pendant ces ultimes kilomètres, je me demandais souvent qui Peary choisirait pour l'accompagner au pôle.

Borup ? Le môme était le moins expérimenté mais il était costaud et avait de bons réflexes : quelques jours plus tôt, alors que ses chiens glissaient dans l'eau glacée d'un chenal, il avait bondi et retenu son traîneau, puis sauvé ses bêtes d'une mort certaine en les tirant hors de l'eau.

Le professeur Marvin ? C'était son deuxième voyage en Arctique, il n'avait plus à faire ses preuves. Le commandant l'estimait beaucoup. Il venait d'ailleurs de lui confier le rôle d'éclaireur, à ma place.

Le capitaine Bob ? Il avait si bien manœuvré le *Roosevelt* que Peary voudrait peut-être le remercier.

Mais c'était moi qui aurais dû y aller ! Je servais le commandant depuis vingt-deux ans. Je lui avais toujours été fidèle et dévoué. C'était à moi de l'accompagner au pôle, vous comprenez ? Je crois que je lui en voulais.

Le soir du cinquième jour, le commandant demanda à Borup de le rejoindre dans son igloo. Il y resta une demi-heure. Je me demandai ce qui se passait. Pourquoi Borup ? Je me demandai si ça signifiait... si finalement... mais je m'interdis de...

103

Le gamin ressortit de l'igloo un sourire triste aux lèvres.

— Je vous quitte demain, annonça-t-il.

Mais alors... je... j'aurais voulu laisser éclater ma joie, mais le môme était là, tellement déçu... ça n'aurait pas été bien.

— Je...

J'avais l'impression que tout ce que je pourrais dire sonnerait faux. Borup n'avait pourtant pas à avoir honte de lui. Je me rappelais sa tête lorsqu'il avait vu les Esquimaux pour la première fois. Depuis, il avait beaucoup progressé : il avait appris la langue esquimaude, la conduite de traîneau, la survie dans le froid. Il avait fait un beau bout de chemin.

— Hé môme, je lui dis simplement, tu as fait du bon boulot. Je ne t'appellerai plus jamais « môme ». Bravo, mon gars !

— Merci grand-père ! répondit-il avec le même sourire triste, mais un peu moins triste quand même, je crois.

• • •

À 510 kilomètres du pôle, nous n'étions plus que 4 Américains, 8 Esquimaux et 80 chiens.

Et moi j'étais toujours là.

Le capitaine Bob redevint éclaireur pour cinq jours. Chaque matin, la remise en marche me paraissait plus dure que la veille. Et les heures sur la banquise plus longues, avec le vent glacial, les crêtes et les brisures, les glaçons dans les poils de ma capuche, les traîneaux à réparer, les lèvres gercées, la neige sur le visage comme une pluie d'épingles. Jour après jour, la fatigue s'accumulait. Nos visages se creusaient. Je sentais peser sur mes épaules le poids de mes quarante-trois ans.

Et toujours ce doute : qui serait le prochain sur la liste de Peary ? Le professeur Marvin ? Le capitaine Bob ? Moi ?

Le soir du cinquième jour, le commandant me convoqua dans son igloo. Mon cœur battait à tout rompre. Pourquoi moi ?

— Assieds-toi ! Tu veux du thé ?

Je hochai négativement la tête, m'assis sur une peau et enlevai mes moufles. Je pensais à Borup qui, quelques jours plus tôt, avait été à ma place.

— Alors, Matthew, pas trop fatigué ?

— Oh non, commandant ! Je me sens plus fort que jamais.

— Bien... Matthew, tu vas choisir le traîneau le plus abîmé parmi ceux qui restent. Tu sélectionneras aussi les dix-sept chiens les plus fatigués et les deux Esquimaux les moins motivés...

En moi-même, je me disais : « Dépêchez-vous, commandant, crachez le morceau ! C'est insupportable. »

— ... Ce traîneau, ces chiens et ces deux Esquimaux rebrousseront chemin...

Ça, je l'avais deviné. Mais qui les accompagnerait ? Mon cœur s'était arrêté de battre. Vite, commandant !

— ... Marvin dirigera cette équipe. Il fait demi-tour.

Avais-je bien entendu ? Oh, merci mon Dieu ! Merci commandant ! Mon cœur recommençait à battre, je revivais, je poursuivais l'aventure.

Peary annonça sa décision à Marvin, bien sûr très déçu. En fait, c'est là que j'aurais dû remercier le professeur pour ses leçons de calcul astronomique, pour tout le temps passé à m'apprendre des choses. Mais, à ce moment-là, je devais sélectionner le traîneau et les chiens. On a toujours autre chose à faire que de dire aux gens qu'on les aime.

J'allai voir les chiens. Depuis vingt-cinq jours, certains avaient beaucoup maigri ; d'autres, comme mon leader Koolee, s'étaient endurcis. Je n'eus aucun mal à choisir les seize plus faibles. Mais le dix-septième... Avec sa tache jaune et son humeur joyeuse, le copain du Requin était mon favori. J'avais très envie de le garder avec moi, mais, depuis deux jours, il traînait un peu la patte. Était-il assez fort pour tenir jusqu'au bout ? À ma place, je le sais, Peary l'aurait renvoyé à terre. Sans état d'âme et avec raison. Ça me brisait le cœur, mais je devais faire pareil.

Le lendemain, jour du départ de Marvin, le soleil

s'obscurcit et une brume couleur de plomb recouvrit le ciel — triste coïncidence.

• • •

Voilà, le jeu des chaises musicales touchait à sa fin. À 380 kilomètres du pôle, nous n'étions plus que deux pour une place. Cap'taine Bob ou moi ? Le Blanc ou le Noir ? Le jeune lion ou le vieux compagnon ? Le commandant ne fit pas durer inutilement le suspense : il nous convoqua dans son igloo et annonça que moi, Matthew Henson, irais jusqu'au bout. Il me gardait ! C'était fantastique : après vingt années d'expéditions, nous allions finir l'aventure ensemble. Quelle magnifique conclusion...

Le capitaine, lui, resta d'abord impassible, puis, les jours suivants, devint très silencieux. Il ruminait quelque chose, mais impossible de deviner quoi. Je ne l'aurais jamais su si, bien des années plus tard, alors que nous buvions une bière au club des Explorateurs de New York, il ne m'avait révélé son incroyable projet :

« Je n'avais rien contre toi, Matthew, et tu le sais bien. Mais je n'acceptais pas la décision du commandant : je la comprenais car tu étais aussi bon que moi sur la glace, mais je ne pouvais m'y résoudre. Rebrousser chemin si près du but, c'était trop dur. Pour moi aussi, la conquête du pôle était devenue le but de ma vie.

Enfin bon, tout ça pour dire que je n'acceptais pas

le choix du commandant. Du coup, j'ai arrêté de le considérer comme mon chef : j'ai décidé que je serais désormais mon propre chef et prendrais mes propres décisions.

J'ai alors élaboré un plan dans ma tête. Je le ruminais, comme tu dis. Tu te souviens sans doute qu'avant de faire demi-tour, j'ai mesuré la hauteur du soleil avec le sextant, à la demande de Peary. D'après mes calculs, notre latitude était de 87° 46' Nord. Nous nous trouvions donc à moins de 250 kilomètres du pôle. En parcourant 20 kilomètres par jour, il me faudrait cinquante jours pour l'atteindre puis regagner la terre. Or, sur un traîneau chargé, il y avait justement de quoi tenir cinquante jours...

Dans la nuit du 1er au 2 avril, date prévue pour mon retour, j'en ai pas dormi. Je ruminais encore et encore. Petit à petit, une décision s'est imposée à moi, une décision difficile mais la seule possible : à l'aube, je m'emparerais d'un traîneau, de huit chiens, et je partirais tout seul vers le pôle. Qu'importe les conséquences !

Puis le matin est arrivé. Et la vie est parfois bizarre : on décide fermement une chose et, le moment venu, sans savoir pourquoi, on fait le contraire. Ce matin-là, donc, sans même y penser, j'ai sagement obéi au commandant : j'ai pris les traîneaux presque vides et suis reparti vers la terre avec Keshingwah et Karko. Je crois que Peary n'a rien su de mon projet fou. Je me demande souvent ce qui se serait passé si je l'avais mis à exécution. Parfois, je m'amuse à parcourir, en pensée, les derniers kilomètres jusqu'au pôle... »

Le capitaine Bob s'était tu, le regard absent, ailleurs.

Dans la vraie vie, sur la vraie glace, c'était à moi que Peary avait donné la chance de l'accompagner jusqu'au pôle, avec 4 Esquimaux, 5 traîneaux et 40 chiens.

CHAPITRE **HUIT**

Au pôle !

*Le sprint final — La mort rôde
mais ne m'attrape pas — Le rêve volé*

Le commandant Peary me donnait ses instructions, mais je l'écoutais à peine. J'attrapais juste quelques mots au vol : « sprint final », « 250 kilomètres », « cinq jours », « réserves de nourriture suffisantes ».

Mon esprit se baladait sur son visage. J'observais ses petits yeux gris, concentrés comme ceux d'un tireur d'élite, je descendais le long de son nez mince et droit, puis me perdais dans sa barbe touffue. Ses poils poussaient si vite que, lors des marches, il devenait rapidement hirsute. Depuis vingt ans, j'avais vu ce visage se transformer, se rider, grisonner. Et depuis un mois, il avait pris dix années de plus : l'extrême fatigue creusait ses traits et de vilaines gerçures couvraient ses joues. On aurait dit un grand-père sévère.

— Tu m'écoutes, mon garçon ?

— Oui, oui, je lui répondis, on va essayer de parcourir les 250 derniers kilomètres en cinq jours : 50 kilomètres par jour, une énorme moyenne.

Et moi, à quoi je ressemblais ? Mon visage aussi était couvert de gerçures. Je ne les voyais pas mais je les sentais : chaque nuit, dans la chaleur de l'igloo, les croûtes ramollissaient. Le lendemain, par 30 degrés sous zéro, elles durcissaient et tiraillaient. Les bourrasques de vent étaient comme des coups de rasoir sur mon visage. Moi aussi j'étais épuisé par les 500 kilomètres à pied déjà parcourus. Depuis le départ, j'avais tellement maigri que j'avais resserré ma ceinture de deux crans. Je me demandais si, en cet instant, Lucy me reconnaîtrait.

— On y va ? demanda Peary.

On sortit de l'igloo, le commandant prit sa boussole et se mit en route vers le nord. Je le regardai s'éloigner avec cette démarche bien à lui : depuis qu'on lui avait coupé les doigts de pieds, dix ans plus tôt, il faisait glisser ses moignons sur le sol à la manière d'un patineur. Quelle volonté admirable ! Il méritait plus que quiconque d'atteindre le pôle, et j'étais fier de l'y aider.

Seegloo et Egingwah le suivirent avec chacun un traîneau — Peary n'en avait pas. À chaque expiration, leurs chiens crachaient un petit nuage de vapeur. Des usines à brouillard.

Pendant une heure, avec l'ami Ootah et Ooqueah, on réarrangea les trois autres traîneaux puis on se mit en route.

Chaque matin, les premiers kilomètres étaient très douloureux, comme si les muscles se souvenaient des efforts de la veille et refusaient de remettre ça. Mais il fallait ignorer leurs protestations, faire tout de même un pas, puis un autre, et encore un autre... Mille cinq cents pas pour le premier kilomètre. Puis mille cinq cents autres. Cinquante fois. Soixante-quinze mille pas par jour. Un effort surhumain.

Surtout ne pas penser aux douleurs ni aux kilomètres à venir, sinon c'était le découragement assuré. J'essayais de marcher comme un automate, sans réfléchir, en répétant mécaniquement les mêmes gestes. Ou alors je pensais aux choses positives qui me faisait avancer : la victoire si proche, l'honneur des Noirs.

Et puis, depuis quelques jours, Peary et moi avions une motivation supplémentaire pour continuer : nous venions de battre notre record de 1906. Personne ne s'était jamais autant approché du pôle que nous en ce moment. Nous étions les premiers hommes à traverser cette contrée désertique. Et chaque pas vers le nord constituait un nouveau record. Alors ça valait la peine de faire ce pas, et le suivant, et le suivant...

• • •

Dimanche 3 avril 1909, à moins de 200 kilomètres du but.

« Cette fois, ma belle, c'est la bonne, on va atteindre le pôle... »

Durant les longues heures de marche, je parlais parfois en silence, dans ma tête. Plus j'étais fatigué, plus je devenais bavard.

« J'ai même l'impression que la banquise s'est résignée :

notre ennemie baisse les armes. Regarde ! Plus de blizzards, ni d'arêtes vives, ni de brisures. Enfin si, des brisures, mais recouvertes de glace... »

Dans la poche de mon manteau, j'avais mis la photographie de Lucy. C'était à elle que je parlais, c'était avec elle que je voulais partager ces derniers moments. J'avais envie que mes deux vies, l'américaine et l'arctique, se rejoignent enfin et se mélangent.

« Je t'ai parlé de Koolee ? C'est le chien blanc avec le dos noir. Un vrai leader ! Parfois, il me fait penser au capi... »

Un craquement sec.

Je jetai un œil inquiet à la glace. J'étais au milieu d'une brisure recouverte d'un manteau gelé. Sous le traîneau, la glace trop fine fléchissait. Un bouillon d'eau remontait par une fissure.

— Vite, Koolee, vite !

Je poussai de toutes mes forces à l'arrière du traîneau. Au moment où il accéléra, la glace se brisa sous mes pieds. Je m'enfonçai dans un trou d'eau. J'essayai de m'agripper à la luge, mais mes moufles glissèrent et elle m'échappa. J'avais de l'eau jusqu'aux genoux, jusqu'aux hanches.

— Au secours !... Au secours !!!

Comme je fermais la marche, les autres étaient loin devant. J'étais seul. J'avais de l'eau jusqu'à la poitrine. Tout se passait très vite, mais j'avais l'impression de vivre l'action au ralenti. Je comprenais clairement ce qui m'arrivait : j'allais me noyer. Merde, non, je voulais pas crever ! Pas maintenant, pas si près du but ! Ootah ! Peary ! Lucy ! Mais je ne pouvais rien faire, je commençais à paniquer, je me débattais avec l'énergie du désespoir, criant, balançant les bras dans tous les sens, essayant de m'agripper à quelque chose, de me raccrocher à la vie.

J'allais y rester, lorsque je sentis une force incroyable me tirer vers le ciel. Elle me souleva et m'allongea sur la glace. Les jambes encore dans l'eau, je levai la tête et découvris le visage de mon ange gardien : Ootah.

Sans perdre un instant, il me traîna sur la berge.

— L'intérieur de tes fourrures est-il mouillé ? demanda-t-il calmement.

— Non, sec.

— Alors tout va bien !

En quelques minutes, des glaçons se formèrent à l'extérieur de mes vêtements et Ootah les brisa en petits morceaux. Il m'avait sauvé la vie. Je ne savais comment le remercier. Je crois d'ailleurs qu'il n'attendait pas de remerciements.

Encore tout tremblotant de peur et de froid, je repris ma route au pas de course, plus prudent que jamais. Non, la banquise n'avait pas baissé les armes. Jusqu'au dernier moment, elle pouvait tout faire rater en plaçant sur notre route une mauvaise brisure ou une tempête de neige. Nous n'étions pas arrivés.

J'enlevai ma moufle, plongeai la main dans ma poche et en sortis la photographie de Lucy. Elle était mouillée et gelée, mais elle aussi avait survécu.

• • •

Le lendemain, je serrai à nouveau ma ceinture d'un cran.

« J'en peux plus, Lucy, j'en peux plus, j'en peux plus. Encore 105 kilomètres. Désolé de me plaindre, mais j'en peux plus. Je ne sais même pas si j'arriverai au bout. Trop de froid, trop d'efforts, trop de souffrances. Qu'est-ce que je fais là ? Quel intérêt à se faire autant de mal ? Et les autres ne vont guère mieux. Surtout Peary, le pauvre. Il est de plus en plus lent. Chaque matin, il quitte le campement avec une heure d'avance. Je le rattrape en fin de matinée et prends la tête de la caravane pour l'après-midi. Le soir, il arrive au camp avec une heure de retard. Je me demande comment il tient encore debout. »

— On s'arrête ? demanda Ootah.

Nous avions marché douze heures, environ 45 kilomètres. Je ne sentais plus mes jambes.

— On va continuer encore un peu !

— Je suis épuisé, Miy. Et Ooqueah aussi. Et toi aussi, ça se voit. On continuera demain, c'est mieux.

— Encore quelques kilomètres, s'il te plaît ! Peary nous a demandé de faire 50 kilomètres par jour.

Ootah fronça les sourcils, hésitant :

— Je devrais pas te le dire, mais Peary n'a plus la force de continuer. Chaque après-midi, lorsqu'il est en queue de caravane, il s'allonge sur le traîneau d'Egingwah et se laisse porter. Il ne se remet à marcher qu'à l'arrivée au campement. C'est Egingwah qui me l'a dit. Peary doit se reposer.

Pour en arriver là, le commandant était encore plus épuisé que je ne le pensais. Mais je me rappelais ses instructions : aller chaque jour au bout de nos forces, et même au-delà, quoi qu'il arrive.

Je fixai Ootah avec toute l'intensité dont j'étais capable :

— On continue encore un peu. Allez, on y va !

L'Esquimau resta un instant silencieux.

— Bon, d'accord.

On se remit en route, mais, après cinq cents mètres, Ootah m'interpella de nouveau :

— Miy !

— Quoi encore ?

— Ça y est, s'écria-t-il tout joyeux.

— Quoi ?

— C'est toi le chef !

Je lui souris poliment :

— Non... Même fatigué, Peary reste le chef.

Je ne voulais pas qu'il le voie, mais j'étais heureux.

« T'as entendu, Lucy, t'as entendu ce qu'il a dit ? »

• • •

Le lendemain soir, nous n'étions plus qu'à 45 kilomètres du pôle Nord, à une journée de marche de notre rêve. Peary était très nerveux. Moi aussi.

Cette nuit-là, je cherchai longtemps le sommeil. Plein d'images me revenaient à l'esprit : je revoyais ma toute première nuit dans un igloo, dix-sept ans plus tôt. À l'époque aussi j'avais eu du mal à m'endormir, tout excité par ce monde que je découvrais. Que de chemin parcouru depuis ! Tiens, le visage du vieil Ikwah me disant : « Toi, Esquimau... »

Je revoyais les réussites et les échecs. Les échecs surtout. La jambe de Peary brisée par la barre de gouvernail en 1891. Le jeune Hugh Lee, qui avait failli mourir d'épuisement pendant l'expédition suivante au Groenland. Le *Windward*, le yacht de la première tentative contre le pôle, prisonnier de la banquise. Et la famine de 1906...

Mais, finalement, chaque échec avait été utile. Peary avait compris que, pour se protéger du froid, il fallait s'habiller comme les Esquimaux et vivre comme eux. Pour tirer les traîneaux, rien n'égalait une meute de chiens. Pour qu'un navire résiste à la glace, sa coque devait avoir la forme d'une coquille de noix.

Chaque échec avait été une marche d'escalier qui nous avait ensuite permis d'aller plus haut. Demain, nous atteindrions l'ultime marche, le sommet de la Terre.

•••

Mardi 6 avril 1909, à quelques encablures du pôle.

« Oh, Lucy, si tu savais ! Toujours ces douleurs dans les jambes, ces gerçures, cet air glacial et ces brisures… Mais ça y est, je vois le bout du tunnel. Dans quelques dizaines de kilomètres, j'arriverai au bout de mes rêves, au bout du monde, au bout de mes souffrances, au bout de moi-même. Crois-tu que, de là-haut, mes parents me voient et qu'ils sont fiers ? Et les Noirs, seront-ils fiers de moi ? Et toi ?… »

En milieu de journée, à 20 kilomètres du but, mon équipe rattrapa celle du commandant et prit, comme chaque jour, la tête de la caravane.

« Tu vois, ce qui me rend le plus fier, c'est qu'il y a parmi nous quatre Esquimaux, un Blanc et un Noir. Chacun a apporté sa pierre à la conquête du pôle. Seegloo, Egingwah, Ooqueah et Ootah nous ont donné leur connaissance du froid et leur force physique. Peary a tout organisé et tout dirigé d'une main de maître. Et moi j'ai fait le lien entre les uns et les autres. Nous sommes tous différents, tous complémentaires. Un magnifique travail d'équipe… »

Kilomètre 10… kilomètre 5… kilomètre 2… kilomètre 1…

Kilomètre 0.

J'arrêtai les chiens. Autour de moi, il y avait de la glace

à perte de vue, une glace banale, la même que celle que nous avions foulée depuis 750 kilomètres. Mais ici, c'était le pôle Nord.

Une vague d'émotion me submergea, des émotions fortes et mélangées, de la joie et de l'épuisement, la tension nerveuse enfin relâchée. J'avais envie de pleurer et de rire en même temps.

Je sortis la photo de Lucy de ma poche et lui montrai le paysage.

— Regarde, on y est...

Je me tournais vers la gauche, vers la droite, devant, derrière. Ici, il n'y avait plus de nord, ni d'est ni d'ouest : il n'y avait qu'une seule direction, le sud. Où que je me tourne, c'était le sud. Quelle étrange sensation ! Mais rien que pour ça, ça valait la peine d'avoir autant souffert...

Mes Esquimaux me rejoignirent bientôt, suivis par Peary.

— Commandant, je crois que nous y sommes ! lui annonçai-je gaiement.

Sa réaction me surprit :

— Je ne pense pas qu'on puisse jurer que c'est exactement le pôle, répondit-il sèchement.

Bien sûr, il avait raison : le pôle Nord est un point virtuel. Est-ce qu'à dix kilomètres du pôle on peut affirmer qu'on y est ? Et à un kilomètre ? Mais on pouvait commencer à se réjouir, non ?

— Pendant que les Esquimaux construisent les

igloos, poursuivit-il, tu prépareras un traîneau avec mes instruments. Demain matin, je sillonnerai le coin et ferai des observations du soleil, pour vérifier que c'est bien le pôle.

Il n'ouvrit plus la bouche de la journée. Était-il si inquiet qu'on ne soit pas au pôle ? Moi, j'étais confiant : puisqu'on avait marché la bonne distance dans la bonne direction, on devait être au bon endroit.

Le lendemain, Peary s'en alla avant mon réveil. Lorsqu'il revint, il déclara avoir mesuré la hauteur du soleil et calculé notre position sur le globe : 90° de latitude nord, à un chouia près. Nous étions bel et bien au pôle Nord.

Nous avions gagné !

J'enlevai ma moufle et tendis ma main nue pour le féliciter, mais un coup de vent lui envoya un flocon de neige dans l'œil, ou quelque chose comme ça, car il retira brusquement ses mains et cacha son visage :

— Je vais me coucher, Henson. Dis aux Esquimaux de me réveiller dans quatre heures !

« Henson », il m'avait appelé « Henson » ! Mais que lui arrivait-il ? N'était-il pas heureux d'avoir atteint le rêve de sa vie ? Était-il trop épuisé pour le réaliser ?

Je n'y comprenais rien.

Je ressentis soudain très vivement le froid polaire.

Une hypothèse farfelue me trottait dans la tête : Peary m'avait-il considéré depuis le départ comme un simple

« instrument » pour vaincre le pôle ? Maintenant son but atteint, allait-il me jeter ?

Non, c'était impossible, je ne pouvais y croire.

Dans l'après-midi, le commandant, toujours aussi glacial, plaça un message annonçant notre victoire dans une bouteille en verre et la coinça dans une fissure de la banquise. Puis il prit cinq drapeaux apportés de New York spécialement pour l'occasion : celui des États-Unis, de la Croix-Rouge, de la marine américaine, de son université, et une bannière arc-en-ciel symbolisant la paix dans le monde.

— Prenez chacun drapeau et faites rang, dit-il en esquimau.

Il saisit son appareil photographique et fit quelques réglages. C'est à cet instant précis, je crois, que j'ai compris ce qui n'allait pas. Je voyais le commandant, seul derrière son appareil, nous prenant en photo, les quatre Esquimaux et moi, quand tout s'éclaira : je lui avais volé son rêve.

La veille au matin, comme chaque jour, j'étais parti après lui puis je l'avais rattrapé pour finir la journée en tête de caravane. Le soir, c'était moi qui avais donné l'ordre aux chiens de stopper ici. En faisant cela, j'avais bien involontairement volé à Peary son rêve de jeunesse : le premier homme, le tout premier homme au monde à avoir atteint le pôle Nord, finalement, c'était moi.

CHAPITRE NEUF

Un douloureux retour

*La fin d'une amitié — La terrible nouvelle —
Une mauvaise nouvelle n'arrive jamais seule*

Nous sommes restés trente heures au pôle Nord.
J'aurais dû parler à Peary pour crever l'abcès, mais je n'en avais pas la force. Je ne savais d'ailleurs pas si c'était à moi de le faire ou à lui.
La suite ?
Je suis incapable de vous raconter le retour vers le *Roosevelt* dans le détail : je ne connais pas de mots assez forts pour décrire un pareil cauchemar.
Les Esquimaux, d'ordinaire joyeux, n'étaient plus que des ombres sur la glace.
Pendant tout le trajet, Peary resta prostré sur le traîneau d'Egingwah. Ses petits yeux gris, qui auparavant m'impressionnaient tant, n'exprimaient plus ni désir, ni énergie, ni vie. Le commandant ne m'adressa la parole qu'à trois ou quatre reprises, toujours pour me donner des ordres.
Moi, j'étais trop faible pour ressentir quoi que ce soit : mon cerveau s'était mis en veilleuse. Mon corps avançait tout seul, comme une poule à qui l'on a coupé la tête et qui continue à courir. Parfois, j'avais l'impression d'être un spectateur : je me voyais marcher sur la

banquise, suivre les traces laissées à l'aller, abattre les chiens les plus faibles pour nourrir les plus forts, franchir les brisures et les arêtes, réparer les traîneaux, mais ce n'était plus vraiment moi qui faisais tout ça...

Nous étions six morts vivants qui ignoraient où le Destin les conduisait : vers la vie ou vers la mort.

Grâce à une météo clémente et à l'absence de large brisure, ce fut la vie : nous rejoignîmes la terre ferme en seulement seize jours de marche, deux fois moins qu'à l'aller, avec près de 50 kilomètres par jour.

Je me souviens de cette réflexion de l'ami Ootah, à l'arrivée au cap Columbia, juste avant de s'écrouler de fatigue dans son igloo :

— Il faut que le Diable dorme ou qu'il ait des ennuis avec sa femme, car sinon jamais nous ne serions revenus aussi vite !

Je me souviens de deux journées entières à dormir au cap. Lorsque nous ne dormions pas, nous grignotions sans appétit des biscuits avant de nous recoucher. À un moment, Seegloo m'a annoncé que Peary et Egingwah étaient partis vers le *Roosevelt*. Je ne comprenais pas pourquoi nous rentrions séparément.

Je me souviens du retour vers le navire. Les chiens reprenaient goût à la vie : la queue en trompette et la tête dressée, ils reniflaient les senteurs retrouvées de la terre.

Je me souviens d'une silhouette familière, au loin, un enchevêtrement de cordages et de mâts.

Je me suis ensuite retrouvé sur le pont du *Roosevelt*. Quelqu'un me disait un truc du genre :

— Bien joué, Matt, bon boulot !

Mais il n'y avait pas de joie dans ces paroles.

Une petite troupe était rassemblée autour de moi et me félicitait, mais je sentais que quelque chose n'allait pas. Les matelots et le capitaine Bob étaient là. Et Peary, où était-il ?

— Dans son lit, quelqu'un m'a répondu.

Tant mieux. Mais alors pourquoi ces visages graves ?

— Le gars Borup ?...

— À la chasse.

Bien. Le docteur Goodsell ? Non, il était là, à mes côtés : c'était lui qui me soutenait.

Le capitaine Bob me prit par le bras et m'écarta du groupe.

— Matt, dit-il doucement, j'ai une mauvaise nouvelle à t'annoncer. Le professeur Marvin est mort.

— Mort ?!...

Dans mon cerveau embrumé, j'essayai de comprendre ce que le capitaine venait de me dire. Je voyais d'un côté le chaleureux professeur, bien vivant, avec son crâne chauve et ses leçons de calcul astronomique. De l'autre, la mort, froide, vénéneuse. Mais les deux n'allaient pas ensemble. C'était impossible : ça ne collait pas.

— Mais... comment ?...

— On ne connaît pas encore tous les détails. Ça s'est

passé sur le chemin du retour. Kudlooktoo et Kudlah ont raconté qu'un matin le professeur serait parti en avance. Il aurait essayé de traverser une brisure sur une glace trop fine. Plus tard, lorsque les Esquimaux sont arrivés sur les lieux, il était trop tard : le corps sans vie du professeur flottait dans l'eau, le dos en l'air. Kudlooktoo et Kudlah auraient alors dispersé ses affaires pour que son esprit, s'il revenait, retrouve ses biens personnels et ne pourchasse pas les Esquimaux...

C'était donc vrai.

Mais, pour moi, ça ne l'était pas encore.

Le docteur Goodsell m'accompagna dans ma cabine et m'aida à me déshabiller. J'avais tellement maigri que mes jambes ressemblaient à des allumettes et mes genoux à deux grosses boules.

Je m'endormis puis, au réveil, je pris un bain — c'était la première fois que je me lavais depuis deux mois —, je mangeai et m'endormis de nouveau.

Petit à petit, au fil des heures, au fil des jours, l'image du Marvin bien vivant et celle de la mort se rejoignirent. Je vis d'abord le professeur se débattre dans l'eau glacée, essayer de se raccrocher à la vie. Puis je vis son corps inanimé flotter sur la brisure, froid comme la mort. Je réalisai alors que je ne reverrais plus jamais son visage, que plus jamais je n'entendrais sa voix chaude.

Nous avions vaincu le pôle Nord mais je ne pouvais m'en réjouir. Le prix était trop élevé : le silence définitif du professeur Marvin, après celui de Peary, que je ne comprenais toujours pas.

J'aurais aimé être chez moi, en Amérique.

• • •

Début juillet, la chaleur de l'été disloqua la glace et libéra le *Roosevelt*.

— Allumez les chaudières ! ordonna le cap'taine Bob.

Le 17 juillet à 14 h 30, la cheminée du *Roosevelt* cracha un gros nuage noir puis le navire s'ébranla en direction du sud. S'ensuivit un mois de zigzags entre les icebergs, puis le retour dans le territoire esquimau.

Peary, qui ne me parlait toujours pas, demanda aux Esquimaux de se mettre en file indienne devant lui.

— Ootah, pour te remercier de m'avoir accompagné au pôle Nord, voici carabines, cartouches et couteaux.

L'ami Ootah s'empara de la précieuse marchandise et, tout sourire, s'éloigna pour l'admirer.

— Viens ici, madame Toockoomah ! poursuivit Peary. Pour les vêtements en fourrure que fabriquer, voici aiguilles à coudre, savon et vaisselle. Merci Toockoomah...

Assis à l'écart, j'observais avec attention et tristesse la remise des prix. Je voulais me souvenir de tout : du sourire lumineux d'Ootah, des jolis yeux bridés de Toockoomah, du petit corps dodu d'Ooblooyah, de leur gentillesse.

Je voulais me remplir de ces images et les garder dans

131

ma tête comme un trésor : je savais que, maintenant le pôle atteint, je ne reviendrais jamais ici. Plus jamais je ne conduirais de traîneau sur la banquise. Plus jamais je ne chasserais le morse. Plus jamais je ne reverrais mes frères esquimaux. Plus jamais je ne les entendrais me dire que je suis quelqu'un de bien, qui a de la valeur. Ma vie arctique allait définitivement s'arrêter.

Sans y réfléchir, je me suis levé, je me suis dirigé vers mon ami Ootah et je l'ai serré dans mes bras comme jamais auparavant je n'avais serré quelqu'un. Il a compris, je crois, j'espère, combien je l'aimais.

Les familles esquimaudes ont ensuite regagné la terre ferme avec leurs affaires et les chiens survivants, puis le *Roosevelt* s'est lentement éloigné du Groenland.

Sur la berge, mes amis s'agitaient et les chiens aboyaient. Accoudés à la rambarde, nous les saluions une dernière fois.

— Fais gaffe, je dis au gars Borup, ce sont des sauvages !

Amusé, il mima l'attitude inquiète qu'il avait eu un an plus tôt, à l'arrivée :

— Les fusils, donnez-moi les fusils ! Mince, ce sont eux qui les ont maintenant. Fuyons !...

Bientôt, les Esquimaux ne furent plus que des points sur la côte irrégulière du Groenland. Ici et là, d'immenses glaciers bleus glissaient entre les falaises brunes et jetaient leurs glaçons à la mer.

Bientôt, le Groenland ne fut plus qu'un fantôme gris sur l'océan et dans ma mémoire.

C'était fini.

Deux semaines plus tard, le 5 septembre 1909, nous regagnâmes la « civilisation » : le *Roosevelt* pénétra dans le port d'Indian Harbor, au nord-est du Canada. Peary envoya immédiatement un télégramme pour annoncer au monde entier la grande nouvelle : le pôle Nord était vaincu !

Nous l'ignorions encore mais, depuis quatre jours déjà, cela faisait les gros titres des journaux.

Comment avaient-ils su que nous avions atteint le pôle ?

Ils ne le savaient pas : ils ne parlaient pas de notre expédition mais de celle du docteur Frederick Cook, l'explorateur parti deux ans plus tôt avec deux Esquimaux, et dont on était sans nouvelle. Il venait juste de réapparaître et avait déclaré avoir atteint le pôle le 6 avril 1908.

Un an avant nous.

C'était donc lui le vainqueur du pôle.

Tous nos efforts instantanément anéantis.

Et la mort du professeur Marvin pour rien.

CONCLUSION

New York, 1954

La fin de l'histoire

L̲a vie est belle.
Plus je vieillis, plus je la trouve belle et pleine de surprises.

Bien sûr, à quatre-vingt-huit ans, je ne gambade plus comme avant et mon œil droit ne voit plus grand-chose. Les médecins disent que c'est une cataracte. Mais, comme je vis dans un petit appartement de la 150ᵉ Rue de New York, je n'ai pas besoin de chasser le renne pour me nourrir. Alors ça va.

Et il m'arrive de si jolies choses ces derniers temps : savez-vous que le président des États-Unis, Dwight Eisenhower, nous a invités, Lucy et moi, à la Maison-Blanche ? Il voulait me féliciter.

Qui aurait imaginé cela, il y a quarante-cinq ans, lorsque le *Roosevelt* accosta dans le port de New York ?

À l'époque, je vous l'ai dit, les journaux fêtaient la victoire du docteur Cook sur le pôle Nord. Enfin, pas tous les journaux : certains, comme le *New York Times,* n'y croyaient pas. Le commandant Peary non plus n'y croyait pas et dénonça une escroquerie : comment Cook aurait-il pu atteindre le pôle avec seulement deux Esquimaux

137

et aussi peu de vivres ? C'était physiquement impossible : autant y aller en sandalettes !

J'étais moi aussi sceptique et j'aurais aimé me battre aux côtés de Peary. Mais il ne voulait pas : ce combat-là, c'était le sien, à lui seul.

De longs mois durant, les deux rivaux bataillèrent à distance par journaux interposés. « Où sont les carnets de bord qui prouveraient les dires de Cook ? » demanda Peary. « Ils arrivent, ils arrivent », répondit l'autre, que sa gloire récente dispensait de plus amples explications. « Comment Cook s'est-il chauffé sur la banquise ? » relança le premier. « Mais pourquoi cet acharnement ? Peary serait-il mauvais perdant ? » insinua Cook.

Chacun, aux États-Unis, se passionna pour la controverse, chacun avait son avis, même ceux qui n'avaient jamais vu un glaçon de leur vie.

L'affaire prit tant d'ampleur qu'elle remonta jusqu'au Congrès américain. Le 21 janvier 1911, sept sénateurs se réunirent pour désigner un vainqueur officiel. Ils avaient le choix entre, d'un côté, Robert Peary, un ingénieur de la marine qui avait consacré vingt ans de sa vie au pôle ; de l'autre, Frederick Cook, un aventurier flamboyant, beau parleur, dont on venait de se souvenir qu'il avait déjà triché en 1906 : il avait annoncé avoir gravi le mont McKinley, en Alaska, mais ses photos étaient truquées...

Par quatre voix contre trois, les sénateurs désignèrent Robert Peary vainqueur du pôle Nord.

Justice était rendue !

C'était comme si nous arrivions une seconde fois au pôle Nord — mais cette fois, Peary marchait seul devant. Il fêta ce succès par une tournée triomphale aux États-Unis : il alla de ville en ville et raconta ses exploits devant des salles combles. Puis il demanda au cap'taine Bob de l'accompagner pour une tournée en Europe. Ils dînèrent à la table des rois et reçurent des médailles.

Le commandant avait réalisé son rêve de jeunesse : en revenant du pôle, il était devenu un héros.

Pour moi, la vie fut un peu moins rose : en revenant en Amérique, je redevins un Noir.

Plusieurs journaux se demandèrent pourquoi Peary m'avait choisi moi, un Nègre, pour l'accompagner au pôle. Dans certains articles, mon nom n'était pas cité : j'étais juste le « serviteur de couleur » de Peary. Parfois, les journalistes ne parlaient pas du tout de moi, comme si je n'existais pas, comme si Peary avait tout fait tout seul. Il semblait inconcevable qu'un Noir puisse être courageux, intelligent et digne d'un exploit.

Pour gagner ma vie, j'ai trouvé un petit boulot dans un parking, où j'ai garé les voitures. J'ai ensuite travaillé vingt-trois ans comme garçon de courses au bureau des douanes de New York : « Hé, Matthew, tu peux apporter cette lettre à John Smith, bureau 513 ? »

Je n'ai revu Peary qu'une ou deux fois, au tout début, très brièvement. Il ne souhaitait pas me revoir. Pendant dix-huit ans, nous avions été des frères, risquant notre vie sur la glace pour atteindre le pôle. Dès ce but atteint, nous sommes devenus des étrangers. Je me suis souvent demandé pourquoi Peary m'avait choisi pour l'accompagner au pôle, s'il m'en voulait d'être arrivé le premier, s'il avait peur que je lui vole un peu de sa célébrité...

Sur le coup, je lui en ai beaucoup voulu, et j'en ai voulu aux journaux, et au monde entier. La conquête du pôle n'avait servi à rien : elle n'avait pas changé ma vie ni celle des Noirs.

Mais depuis, le temps a passé et la vie m'a réservé, à moi aussi, de belles surprises.

Il y a quelques années, le célèbre club des Explorateurs m'a ainsi demandé si j'accepterais d'en faire partie. Bien sûr, j'acceptais ! Ensuite, l'écrivain Bradley Robinson a écrit un beau livre sur moi et de nombreux Américains ont découvert mon histoire grâce à lui. Et, dernièrement, le président Eisenhower m'a invité à la Maison-Blanche.

Mais toujours je me souviendrai du visage rougeaud et interloqué de l'officier de marine qui, il y a dix ans, m'a remis ma première médaille. Une limousine m'avait conduit dans son bureau du centre de New York. Visiblement, l'officier était un peu pressé. Il déplia une feuille et lut à toute vitesse :

« À Matthew Henson. Pour : service éminent rendu au gouvernement des États-Unis dans le domaine des sciences. Pour : avoir bravé des conditions météorologiques rigoureuses dans des régions inexplorées. Pour : une force d'âme exceptionnelle et une détermination farouche. Pour : avoir contribué matériellement au succès de l'expédition qui a découvert le pôle Nord. Au nom du Congrès. »

L'officier rougeaud accrocha sur ma poitrine une belle médaille en argent puis, au moment de me faire l'accolade, il se figea soudain, interloqué. Quelque chose le tracassait.

— Mais, finit-il par dire, de 1909 à 1945, ça fait trente-six ans. Ils en ont mis du temps pour vous décerner cette médaille !

Oui, ils en avaient mis.

Le temps, peut-être, que le regard porté sur les Noirs change un peu. Le temps d'admettre qu'un Noir puisse avoir du courage et de la force d'âme. Le temps pour les Noirs de croire un peu en eux et de commencer à lutter pour leurs droits — pour qu'enfin nous puissions aller dans les mêmes écoles, nous promener dans les mêmes jardins publics et manger dans les mêmes restaurants que les Blancs.

Je ne sais pas si ma petite histoire au pôle Nord a servi à quelque chose, si elle a permis de faire changer les mentalités, de montrer que Noirs et Blancs ont autant de valeur, mais, si c'était le cas, je crois que je pourrais être fier de moi, fier de ce que j'ai fait.

N'est-ce pas ?

INTRODUCTION   7
La Nouvelle-Orléans, 1903

CHAPITRE PREMIER   13
Groenland, été 1908

CHAPITRE DEUX   23
Les icebergs

CHAPITRE TROIS   39
Cap Sheridan, automne 1908

CHAPITRE QUATRE   55
Prisonniers du *Roosevelt*, hiver 1908

CHAPITRE CINQ   69
Le grand départ, printemps 1909

CHAPITRE SIX   83
Les dangers de la banquise

CHAPITRE SEPT   97
S'il n'en restait qu'un...

CHAPITRE HUIT 111
Au pôle !

CHAPITRE NEUF 125
Un douloureux retour

CONCLUSION 135
New York, 1954

« Robert Peary a-t-il réellement utilisé de la dynamite pour libérer le *Roosevelt* de la banquise ? Matthew Henson est-il arrivé le premier au pôle Nord ? Ce qui est écrit dans *Au péril de nos vies, la conquête du pôle* est-il vrai ?

De retour du pôle, Peary et Henson ont chacun écrit un livre où ils racontent, presque au jour le jour, les différentes étapes du voyage : l'arrivée au Groenland, les chasses à l'ours, la nuit polaire, la marche sur la banquise... Par la suite, des historiens et des journalistes ont écrit d'autres ouvrages. Ainsi, en 1947, Bradley Robinson a-t-il longuement rencontré Matthew Henson. Il en a tiré un livre, *Dark Companion*, où il raconte l'enfance de Henson, sa rencontre avec Peary chez un marchand de chapeaux, le racisme et la manière dont il a été traité de retour du pôle, son amitié avec les Esquimaux...

Tous ces éléments ont servi à l'écriture de *Au péril de nos vies...*

Mais, comme dans toutes les histoires, il existe des zones d'ombre. Il est ainsi impossible de savoir qui a atteint le pôle le premier. Dans son livre, Robert Peary laisse entendre qu'ils y sont arrivés ensemble. Plus tard,

Henson racontera qu'il a été le premier. Qui a raison ? Lorsque plusieurs personnes vivent une même aventure, chacune la voit avec ses propres yeux. Il n'est pas étonnant que, par la suite, leurs récits diffèrent sensiblement. Prenez deux amis, placez-les de part et d'autre de la tour de Pise, puis demandez-leur de quel côté elle penche. L'un dira à gauche, l'autre à droite, et tous les deux auront raison. C'est juste une question de point de vue... »

Philippe Nessmann

Philippe Nessmann est né en 1967 et a toujours eu trois passions : les sciences, l'histoire et l'écriture. Après l'obtention d'un diplôme d'ingénieur puis d'une maîtrise d'histoire de l'art, il s'est lancé dans le journalisme. À *Science et Vie Junior*, ses articles racontaient aussi bien les dernières découvertes scientifiques que les aventures passées des grands explorateurs. Aujourd'hui, il s'est entièrement tourné vers l'édition pour la jeunesse, mais avec toujours les sciences et l'histoire en toile de fond. Pour les tout-petits, il dirige la collection de livres d'expériences scientifiques Kézako (éd. Mango). Pour les plus grands, il écrit des récits historiques.

Thomas Ehretsmann est né à Mulhouse. Véritable passionné de BD, il s'inscrit aux Arts Décoratifs de Strasbourg et se spécialise dans l'illustration.

Crédits photographiques du carnet documentaire :
Corbis/Bettmann 2, 3, 11, 13, 14 ; Corbis/Historical Society of Seattle and King Country dba Museum of Hi 10 ; Corbis/John Conrad 9 (haut) ; Corbis/Tim Davis 9 (bas) ; Corbis/William Findlay 8 ; Rue des Archives 1 ; Rue des Archives/Süddeutsche Zeitung 15 (bas) ; Rue des Archives/The Granger Collection NYC 12 (gauche et droite) ; Getty Images/Hulton Archive 15 (haut) ; Getty Images/Robert Peary/Hulton Archive 16.

Illustrations du carnet documentaire (pages 4/5 et 6/7) : Olivier Audy.

Photocomposition *CMB* Graphic
44800 Saint-Herblain

CET OUVRAGE
A ÉTÉ ACHEVÉ D'IMPRIMER
SUR CAMERON
PAR L'IMPRIMERIE NIIAG
À BERGAME (ITALIE)
EN FÉVRIER 2005

Dépôt légal : mars 2005
N° d'édition : 2768. N° d'impression : 50734
ISBN : 2-08-162768-X
Imprimé en Italie.

Loi n° 49-956 du 16 juillet 1949
sur les publications destinées à la jeunesse